**INVICTA**
PUBLISHING

# UN DECALOGO PARA CASI TODO

*Javier González-Rubio Iribarren*

# UN DECALOGO PARA CASI TODO

*Javier González-Rubio Iribarren*

**INVICTA**

PUBLISHING

**INVICTA**

PUBLISHING

es una división de Invicta Media, S.A. de C.V.
es una Marca Registrada de Invicta Media, S.A. de C.V.
Copyright © 2009 por Francisco Javier González Rubio Iribarren
Copyright © 2014. por Invicta Media, S.A. de C.V.
Calle Celaya 5
Tel. 555264/5036
Col.Hipódromo
06100 México D.F.
PRIMERA EDICIÓN
ISBN: 978-0-9915603-1-8

**Este libro te lo dedico a ti, su lector**

*...el hombre no es ni bueno ni malo (...) si se frustra la vida, si el individuo se ve aislado, abrumado por las dudas y por sentimientos de soledad e impotencia, entonces surge un impulso de destrucción, un anhelo de sumisión o de poder.*

*El miedo a la libertad*

**Erich Fromm**

*Al leer no buscamos ideas nuevas, sino pensamientos ya pensados por nosotros que adquieren en la página un sello de confirmación. Nos impresionan las palabras ajenas que resuenan en una zona ya nuestra –que ya vivimos- y al hacerla vibrar nos permiten encontrar nuevos motivos dentro de nosotros.*

*El oficio de vivir*

**Cesare Pavese**

*No es el dinero lo que me mantiene. Es la fe que tengo en mí y en mis propias fuerzas.*

*El coloso de Marusi*

**Henry Miller**

INDICE

PRÓLOGO

# PRÓLOGO

Con este libro me gustaría ayudar al lector a pensar y a reflexionar. Paradójicamente, lo que llamamos "sabiduría" en la vida posee una alta dosis de sentido común y de lógica implacable, quizá por eso mismo a veces le damos tan poca importancia, no nos detenemos en su "contenido" y nos cuesta trabajo comprenderla y actuar en consecuencia. También influye el hecho de que desde chicos nos empezamos a desencaminar un poco, a torcer un poco nuestro espíritu, nuestras emociones, nuestros deseos y nuestras almas. Y desde chicos por los padres, por la escuela, por los maestros, por un mundo siempre temeroso de sí mismo que intenta regir la vida de los seres humanos acorde a los entornos e intereses sociales, a prejuicios añejos, a conductas heredadas generación tras generación y que se resisten a cambiar a pesar de las evidencias. Creo que pocas cosas causan tanto temor al hombre como el cambio, empezando por sí mismo.

Sin embargo, siempre hay una voz dentro de nosotros que en momentos de crisis personales, de momentos de indecisión o de profundo dolor nos pide a gritos un cambio, una nueva perspectiva de vida. Y no solemos escucharla, o al menos no con la frecuencia debida (hay también personas que son irremediablemente sordas a su alma) y en parte por eso nos volvemos neuróticos. Si aprendiéramos a escuchar esa voz nuestra vida sería más sana y más feliz. La neurosis que padecemos es precisamente producto, en buena medida, de esa falta de respuestas, de atención a nuestra voz interior, y por dejar que se imponga el ruido exterior adentro de nosotros mismos.

Con este libro también intento, con humildad, contribuir, dar una herramienta más para que esa voz sea escuchada, aunque sea un poquito.

Si estamos atentos a esa voz empezaremos a ser mejores personas. Esa voz nos alertará sobre el enojo, resentimiento, envidia, etcétera, cualquier sentimiento negativo que tengamos sobre otra persona, porque esa voz no nos engaña: es la profundidad de nuestro verdadero ser que nos conoce muy bien y sabe perfectamente las motivaciones de debilidad e inseguridad que tenemos cuando manifestamos esos sentimientos negativos hacia otros.

Nada de lo propuesto o comentado en estas páginas tiene la pretensión de llevar a la "perfección" a nadie, tan sólo intenta contribuir a una mejora personal que, además, redundará en bien de las relaciones con los otros. Me dirijo a seres comunes y corrientes como yo, con traumas, neurosis, necesidades, anhelos, grandes cualidades y grandes defectos. Lo que aquí se propone es alcanzable si se decide trabajar en ello.

Creo importante aclarar al lector que creo firmemente en la existencia de Dios, en su poder, en la energía que emana de El y que hace posible todo el Universo y lo que en él sucede. Pero respeto a los ateos, sus razones tendrán, y yo no soy ni misionero ni catequista. Creo que lo más importante es cómo son las personas y no qué religión tienen o si creen o no en Dios. A lo largo de mi vida he conocido ateos que son excelente seres humanos y creyentes que dejan bastante que desear como personas: muchos muy practicantes del ceremonial y poco del corazón.

Hago la aclaración de mi creencia en Dios porque no dudo que mucho o todo lo aquí expuesto esté tamizado por esa fe, por esa convicción. Sin embargo, he omitido al máximo cualquier referencia a Dios, pues también creo que lo escrito en este libro puede serle útil tanto a los creyentes como a quienes no lo son, y he querido desprender los conceptos de cualquier contenido religioso. Además hay que saber la diferencia entre lo espiritual y lo religioso. Un ser espiritual no es lo mismo que un ser religioso. Cualquier religión es un sistema de creencias a las que se somete el ser humano tanto como a las prácticas que de ella se derivan. La espiritualidad es un asunto totalmente personal, un camino de crecimiento y reflexión que puede estar ajeno a la fe y al dogma.

Aunado a ello, también creo que todos nacemos con distintos dones que desafortunadamente muchas veces empolvamos en el camino, nuestro entorno impide su desarrollo o nos olvidamos de ellos cuando en realidad son instrumentos valiosísimos para nuestro crecimiento y para nuestra sana relación con los demás. Esos dones están guardados en nuestros genes cuya parentela viene de miles de años atrás; pensemos por un instante en que van mucho más atrás de nuestros tatarabuelos, pero mucho más. Olvidarlos o empolvarlos no significa que dejen de existir.

Además, todos, absolutamente todos, nacemos con algún talento artístico que también, en la mayoría de los casos, se pierde en el camino, se queda como una semilla sembrada que nunca nadie regó. Todos podemos ser pintores, bailarines, músicos, intérpretes de instrumentos, escultores, cantantes, poetas, narradores, pero desafortunadamente ese don se tiene que desarrollar y estimular en un ambiente propicio, y por lo general el entorno social no lo es y pocas veces lo es el familiar.

Seguramente el lector encontrará que en diversos temas se retoman conceptos ya explicados o planteados en otros. Es a propósito, son conceptos imprescindibles, transversales en toda aspiración de mejora personal, como por ejemplo lo es el perdón a uno mismo y a los demás. De cualquier forma, he intentado desarrollarlos en un contexto diferente cada vez que los abordo.

Por supuesto que ha habido muy variados libros que me han enseñado y hecho reflexionar, libros de muy diversa naturaleza, desde novelas hasta filosóficos o de divulgación de la ciencia, pero

cada palabra que está escrita aquí ha surgido de mi más profunda
convicción, de sentimientos genuinos, de experiencias en la vida
que me han llevado a creer absolutamente lo que aquí expongo; sin
embargo no basta con creerlo pues es necesario comprometerse en
la práctica. Lo intento, cada día lo intento, pero estoy todavía lejos
de alcanzar todo lo bueno espiritualmente que será consecuencia
de la genuina y constante práctica de aquello en lo que creo y
comparto con ustedes.

A veces hago la broma, no sin cierta seriedad, de que debe ser muy
sencillo practicar la paz, la armonía e incluso un comportamiento
pacífico, tomar las cosas con calma, practicar ampliamente la
aceptación, viviendo en un monasterio en la montaña, pero no es lo
mismo hacerlo en una constante interrelación con seres

humanos en ocasiones muy diferentes a nosotros (ni mejores ni
peores, sólo diferentes); es entonces cuando se requiere mayor
esfuerzo y mayor práctica. Un piloto de Fórmula Uno –creo que el
deporte más arriesgado que pueda haber y que requiere una
concentración casi sobre humana-, puede saber muy bien la teoría,
tener muy claras las ideas de lo que debe hacer, pero todo será
inútil si no corre una carrera tras otra y las va poniendo en práctica
hasta que un día es el primero en el pódium. Aquí no se trata de ser
primero en nada, sólo se trata de ser mejor persona, lo que es un
gran triunfo.

# PARA EL AMOR

Siempre que pensamos en amor lo hacemos en relación a otra persona. La ilusión y el afán del amor es tan importante que creemos que sólo vale la pena cuando es entre dos personas. Nos desvivimos por amar, y, más que nada, porque nos amen.

Sin embargo, como es bien sabido, el amor es mucho más amplio, es expansivo: empieza en el amor a uno mismo y si se alcanza llega a ser el amor a muchos y a muchas cosas, incluida la naturaleza, el universo.

Este es un tema riesgoso porque es fácil caer en la retórica o en la cursilería. Creo que está ya tan manoseada la frase "amar al prójimo" que cada vez que leemos algo así decimos "sí, sí, ya lo sé, qué sigue". Porque en el fondo de ellas mismas, o en su conciencia más amplia, las personas están de acuerdo con esa idea, pero pocos saben cómo llevarla a la práctica y la mayoría encuentra cien razones diferentes para no amar a los demás.

Y es que es verdaderamente difícil amar a quienes nos caen mal, a quienes nos intrigan, a quienes nos agreden, a quienes nos hieren, en fin. Si lo vemos fríamente al parecer no hay muchas razones para amar a los otros. Si muchos de los que conocemos "no merecen" nuestro amor, mucho menos aquellos que ni sabemos quiénes son.

En el mundo se pregona el amor, y pocos, muy pocos lo practican; todavía muchas iglesias, sinagogas, mezquitas, templos están llenas. ¡Ah, sí, mucha gente acude periódicamente a, supuestamente, manifestarle su amor a Dios! Y saliendo de ahí empieza el desastre: la arrogancia, el desprecio, la maledicencia, el clasismo, la xenofobia, todo lo que ya conocemos y que provoca, día a día, que la mitad del mundo esté peleándose contra la otra mitad en múltiples bandos todos ellos "llenos de razones indiscutibles".

Con internet y el mail, si nos dejamos, todos los días nos pueden llegar oraciones, propuestas filosóficas llenas de amor y comprensión, presentaciones con fotografías hermosas con verdades de a kilo que, al parecer, todo el que las envía hace propias. ¿Y entonces qué sucede? Es que es tan bonito leer y ver esas cosas… ¡todo es tan cierto!

Si amar de verdad a una persona es muy difícil, si amarse a uno mismo también es muy difícil, pues con más razón amar a "los otros", al prójimo.

Creo que AMAR es la tarea más difícil en este mundo.

## 1.- Ámate

Vivimos una paradoja desconcertante: desde que nacemos hasta los tres años todo el amor nos viene de nuestra madre y de nuestro padre, desde luego que vivimos y gozamos y sentimos mucho más el de ella. Somos amados. Después empezamos a descubrir penosamente que en el mundo no todo, ni mucho menos, es el amor de nuestros padres y además que hay personas que francamente sentimos que no nos quieren nada. Y necesitamos el amor. De esto Freud y sus seguidores, detractores y variantes, así como poetas y novelistas han hablado largo y tendido.

(Sin embargo, permítanme compartirles que creo que las emociones de la infancia, sobre todo de la más tierna, son hasta ahora un gran misterio).

Y recibiendo tanto amor parecería que nadie nos enseñó a amarnos, amarnos a nosotros mismos es lo único que realmente puede compensar esa falta de amor que sentimos del mundo ajeno a nuestra persona. Y así crecemos.

En ocasiones la felicidad de la infancia, el amor de los padres y nuestro entorno (muchas veces los abuelos juegan un papel importantísimo) nos da seguridad en nosotros mismos y con ella vamos aprendiendo a amarnos. A la mayoría de las personas, por una u otra razón, las cosas no le ocurren así y crecemos sin aprender a amarnos a nosotros mismos y todo el tiempo necesitamos las manifestaciones de amor externas. Puede ser terrible. Para empezar porque nadie nos va a amar como nuestra madre, o nuestro padre; y si ellos no expresaron de manera suficiente su amor, el asunto se pone peor porque nunca, jamás, encontraremos ni otra mamá ni otro papá.

El camino para amarnos a nosotros mismos es solitario, nadie puede ayudarnos, y lo tenemos que recorrer poco a poco y, además, requiere esfuerzo: tenemos que luchar contra los monstruos del desamor: el autodesprecio, el victimismo, la culpabilidad, la inseguridad, la arrogancia, la soberbia (éstas dos conductas sólo esconden terribles miedos), en fin, monstruos que están únicamente dentro de nosotros, que viven de nosotros, que nosotros alimentamos y que debiéramos destruir.

Debemos amarnos física y espiritualmente, exigir, con nuestra actitud, el respeto de los demás, no permitir que nos maltraten o humillen; tener conciencia de que somos seres humanos únicos – esto es algo que repito a lo largo de este libro- porque lo somos: nunca ha habido alguien como cada uno de nosotros ni lo habrá.

No somos más que otros, tampoco menos, que no se te olvide. Cuida tu físico y cuida y enriquece tu espíritu, como quieras. Hay quienes creen que cuidar el espíritu es un asunto religioso, y creo que no; la religión es sólo una forma, un camino; es necesario completarlo con otros, por eso el aprecio y disfrute de las bellas artes juega un papel importantísimo, sobre todo leer (leer, leer, leer, por favor), y gozar de la naturaleza.

Y recuerda que si no te sabes amar, nunca vas a recibir el amor que mereces y nunca vas a saber amar a otro de verdad.

Si te amas a ti mismo no habrá forma de que si alguien no te ama e intenta humillarte o cualquier cosa semejante, lo logre. Tu fuerza estará en tu propio amor y te hará inmune a esos sentimientos que, en realidad, sólo pertenecen a quien los posee.

**2.- Ama a tu prójimo como a ti mismo.**

Nada más. Si no te amas, difícilmente podrás amar a los otros.

Si no te reconoces a ti mismo no podrás reconocer a los otros y reconocerte en ellos.

Si tú te consideras perfecto sólo reconocerás las imperfecciones de los demás (no te vayan a quitar el trono).

Si tú te consideras miserable te consolarás culpando a los demás y asumiendo que son tan o más miserables que tú.

Ah, pero si logras avanzar en el camino del amor a ti mismo, estás consciente de tus defectos y cualidades, serás más indulgente, comprensivo, respetuoso y tolerante con los demás de una manera natural –estará en tu esencia, no en tu razonamiento- y ahí se ampliará tu camino de amor.

### 3.- Ama y haz lo que quieras.

Eso decía San Agustín, uno de los llamados Padres de la Iglesia (católica) y uno de los filósofos más importantes de la teología cristiana. La sentencia es de una riqueza espiritual y existencial maravillosa, inagotable. Hazla tuya.

Si amas, todo lo que hagas será producto de tu amor. No podrás ir contra ti mismo, no podrás ser autodestructivo, ni podrás ir contra los demás: no podrás ser heterodestructivo.

El amor es una fuerza creativa y expansiva. El amor profundo a nosotros mismos no puede llevarnos ni a la desesperación ni a la angustia, mucho menos al desprecio o al odio hacia el otro.

### 4.- Ama a la naturaleza.

De ella provienes, ella participó y te ayudó en tu evolución. La naturaleza nos da todo lo que necesitamos. Siéntete en comunión con ella, acércate a ella, disfrútala, siéntela, admírala, amala, no la dañes. La naturaleza está hecha exactamente de las mismas sustancias que tú, de las mismas. Tú eres parte de la naturaleza y ella es parte de ti.

No seas indiferente a lo que hacemos con ella. Sin ella simple y sencillamente no estaríamos aquí. Si René Descartes en el siglo XVII y los positivistas de finales del siglo XIX aseveraban que la ciencia debía ser una herramienta del hombre para poner a la naturaleza a su servicio tenían razón, desde luego, pero hacerlo no tiene que significar destruirla, lo que ya hemos hecho bastante. Y la naturaleza puede estar a tu servicio no sólo mediante la ciencia sino también para fortalecer tu espíritu, para enriquecerlo.

## 5.- Ama al universo al que perteneces.

No te sientas ajeno a él. Está lejos, y lo más increíble es que está también en ti. Muchas de las substancias que contiene tu cuerpo están en Saturno y en Venus y en la Galaxia de Andrómeda y en las constelaciones de Orión o de Tauro. Nada nos es verdaderamente ajeno físicamente, entonces hagámoslo nuestro espiritualmente.

Maravíllate con el Universo, descúbrelo, entérate de él, no es sólo las estrellas que a veces, cuando nos acordamos, vemos en el cielo. Es un cúmulo de energía siempre en expansión de la que tú formas parte.

## 6.- Avanza todos los días.

Siempre, al despertar y al mirarte en el espejo recuerda que te tienes que amar. Recuerda cada día lo mejor que hayas tenido y vivido en tu vida. Si tomas conciencia de ello cambiará la perspectiva que tienes de ti mismo, comprenderás que puedes mejorar, cambiar para bien.

Mírate al espejo y obsérvate unos instantes, no para criticarte sino para estimularte, para animarte y sonríe.

No dudo que haya muchos que se rían de este consejo. Pero de una cosa estoy seguro: nadie nos regalará una mejor sonrisa que la que nos regalemos a nosotros mismos.

Intenta, por lo menos intenta, amarte hasta el último día. Además lograrás tener mucho más que dar a los otros. Cuanto más lo intentes más lo lograrás.

## 7.- Practica el gozo del perdón.

El perdón es un componente indispensable del amor. El perdón es una especie de redención personal. Cada vez que uno perdona se fortalece. El perdón es un acto de amor con uno mismo y con el otro. Uno debe tener siempre presente que también ha sido, es y será sujeto de perdón por parte de los otros. Y por sí mismo. Sí, también nosotros tenemos que aprender a perdonarnos porque es indispensable aceptarnos como falibles. Revolcarnos cotidianamente en la culpa no nos ayuda a avanzar en nuestro desarrollo; la culpa, al igual que el pecado –cualquier interpretación que quieras darle, pero que es fundamentalmente dañar a otros y dañarte a ti mismo- es una cárcel que impide el movimiento a la libertad. Tú sólo te encarcelas y el autoperdón es la llave de la celda.

Perdón y olvido. Si perdonas, pero no olvidas, no estás perdonando de corazón. El hecho que te afectó quedará en tu experiencia de vida, pero no debe ser una herramienta para estar a la defensiva del perdonado ni para que le recuerdes constantemente lo que te hizo.

El camino del amor, puesto que el amor pleno es un ideal a alcanzar, siempre estará lleno de pruebas, precisamente por eso tienen tanto valor el perdón y el olvido.

Es muy fácil decir que amamos cuando no nos ponen a prueba, y la prueba más difícil llega con el error del otro contra nosotros. Si por eso flaquea nuestro amor, nuestra comprensión, nuestra capacidad de amor, deja de ser un problema del otro –allá él consigo mismo- para convertirse en un problema nuestro cuya única solución es el perdón y el olvido.

## PARA LAS RELACIONES DE PAREJA

Este es un tema favorito de todo el mundo. Vivir el amor de pareja es simple y sencillamente maravilloso... cuando es realmente amor.

Quisiera recordar aquí una reflexión de Rainer María Rilke de su libro *Cartas a un joven poeta*, dirigidas a Franz Xavier Kappus al inicio del siglo XX. En la carta VII, fechada en Roma, Rilke escribe: *...es bueno amar; porque el amor es difícil. El amor de un ser humano por otro es posiblemente la prueba más difícil para cada uno de nosotros; es el más alto testimonio de nosotros mismos; es la obra suprema en la que todas las demás no son más que preparativos. Por eso los jóvenes, nuevos en todos aspectos, no saben todavía amar. Y deben aprenderlo; con todas las fuerzas de su ser, concentrados en su corazón que bate ansioso y solitario, aprenden a amar.*

El amor de pareja está lleno de fascinante mitología. Las historias de amor pueden llenar miles de estanterías en las bibliotecas; el cine ha producido toneladas de películas de amor, alegres y tristes. Se ha producido tal cantidad de historias de amor que muchísimas de ellas ya ni siquiera están en nuestra memoria, quizá ni en los catálogos. Además, muchas de esas historias ni siquiera son de amor; hablan de pasión, de dependencia, de terrible auto y heterodestrucción... pero tienen la etiqueta del amor. Cada siglo ha tenido las propias y la inmensa mayoría se han evaporado con ellos. Algunas han sobrevivido el paso de los siglos y se nos tornaron arquetípicas, desde Dafnis y Clóe hasta Romeo y Julieta, o la historia, real, de Abelardo y Eloísa. En el cine la película *Casablanca* todavía hoy genera debates sobre si Ilse amaba o no a Rick; hay quien aún llora con *Algo para recordar*, y es difícil encontrar a alguien que no le guste *Notting Hill*.

El amor de pareja es un objetivo básico en el ser humano, es tan importante como beber, comer y dormir. No hay otro objetivo tan poderoso, salvo, quizá una contraparte bien conocida: el fanatismo que genera muerte y terror; sustentado en el odio, pero mucho más sencillo de manejar o de asumir, que tiene también múltiples seguidores en todo el mundo y de muchas tendencias ideológicas de todos los extremos.

El amor es muy escaso y lo creemos abundante. Está trivializado y es lo menos trivial en la existencia humana. Las personas piensan que es más difícil encontrar trabajo que pareja; se preocupan más por el futuro profesional que por el presente amoroso; si las cosas van mal económicamente en una pareja, es frecuente que el amor sea el primero en pagar los platos rotos (cuando quedan platos).

Sin duda el libro más famoso que escribió Erich Fromm fue "El arte de amar", toda una explicación sobre el amor y sus razones, pero no un recetario. Porque como decía Pascal "el corazón tiene razones que la razón desconoce". Por supuesto que Fromm intentó orientarnos por el camino de la comprensión y el conocimiento del verdadero amor; posteriormente lo hizo Francesco Alberoni, y lo han hecho muchos. Donde encontraste este libro hay, seguramente, muchos otros de tantas o más páginas que éste especializados únicamente en el tema del amor, en descifrarlo, en explicarlo.

Lo cierto es que cuando se siente, se siente. Se acabó. No hay más. No hay forma de evitarlo. Sea real o no; sea fantasía, producto de la neurosis, lo que quieras decir: cuando se siente: se siente. Tú eres quien lo siente, y si estás convencido de que es amor, en ese momento lo es.

No hay recetas para el amor, y en él, más que en ningún otro tema, las experiencias propias no sirven mucho de ejemplo a los demás; los consejos no hacen mella y sobre todo en el amor o en el desamor nadie escarmienta en cabeza ajena.

Confundimos el amor con muchos otros sentimientos, quizá porque estamos decididos a encontrarlo, porque lo queremos vivir. Es frecuente que los adolecentes y los jóvenes estén "enamorados del amor"... y los maduros y los viejos también.

En un episodio de la famosa serie *Dr. House* —el personaje es único, inimitable y dueño de una gran sabiduría humana además de médica- una paciente le dice que su novio "cree" estar enamorado de ella y House, con cara de burla y fastidio, como si hablara con una tonta, le responde: "Es lo mismo". Totalmente cierto: mientras creemos que estamos enamorados, lo estamos. Punto. Ya después el desencanto o el descalabro es otra cosa. Mientras dure, mientras estén enamorados o crean que lo están... ¡Disfrútenlo!

**1.- Aprende a amar si quieres ser amado.**

No es fácil aprender a amar, y menos aún porque es un sentimiento que damos por supuesto, un sentimiento que creemos se desarrolla de manera inercial. Sí, claro, todos traemos por dentro el potencial del amor, como el odio; el amor forma parte de todos nuestros sentimientos que los científicos explican con un montón de componentes químicos en el cerebro y el hipotálamo, y los místicos los explican con el alma y el espíritu. Pero de que existen, existen, son y están; hay que aprender a convivir con ellos, a manejarlos, y hasta a controlarlos. Así como podemos creer que estamos enamorados, podemos creer que odiamos. Y ambas creencias nos pueden llevar a situaciones catastróficas. Como en las religiones: una cosa es *creer* y otra muy diferente *sentir*.

Debido a que nuestra forma de amar dista mucho de ser perfecta, tenemos que aprender a mejorar nuestra capacidad. Cada quien ama como puede, con lo que tiene, tanto en el corazón como en la experiencia, una experiencia que empieza en la más tierna infancia. De ahí la realidad de que nadie es capaz de dar más de lo que puede, nadie da lo que no tiene; de ahí que cada quien ame como aprendió a hacerlo (porque eso cree que es amar a otro), como lo vio en sus padres o en su entorno.

En el proceso de "la educación sentimental", como bautizó Flaubert a una de sus mejores novelas, escrita en medio de una profunda depresión, hay que aprender, por eso es "educación". El aprendizaje es un proceso evolutivo en la persona. Y aprender a amar puede doler, precisamente porque no sabemos amar. (Y la verdad, aunque sepamos, si el rompimiento llega, de todos modos duele).

Cuando se rompe una relación con una persona que amamos profundamente (al menos así lo sentimos y no tiene caso discutir eso, pues perfecto o imperfecto es nuestro amor o nuestro sentimiento), nuestro amigos, nuestros padres nos dicen –con toda la razón del mundo- que lo que siga será mejor. En ese momento es casi lo único que no queremos escuchar porque lo único que deseamos vivamente es que la persona amada vuelva a nosotros. Sin embargo, invariablemente nuestra siguiente relación suele ser mejor en muchos aspectos al grado de que vivimos nuevamente con gran intensidad ese nuevo amor. Es mejor, quizá por muy poco que sea, porque aprendimos de la experiencia pasada, y la mejoría tendrá que ir en aumento hasta que sepamos a ciencia cierta cómo podemos amar y cómo queremos que nos amen.

El célebre y genial director de cine sueco Ingmar Bergman decía en sus memorias que después de haberse casado ocho veces comprendió que el problema era él. Pues sí. Y un amigo nada célebre, que se había casado tres veces me decía que cuando alguien le preguntaba cuántas veces estaba dispuesto a casarse él respondía "las que sea necesario". Los dos tenían razón.

Creo que no hace falta llegar al punto de casarse, uno se puede dar cuenta de "la verdad, sólo la verdad y nada más que la verdad" (por muy temporal que sea) antes de dar ese paso porque el rompimiento de un matrimonio, por alguna extraña razón que no comentaré ahora, siempre es más doloroso  y triste que una separación en la que no ha habido boda.

## 2.- Amor y enamoramiento son diferentes.

Al principio el amor es ciego, sin embargo no transcurre mucho tiempo antes de que la ceguera empiece a dar síntomas de curación… eso sí: no hay peor ciego que el que no quiere ver. El amor justifica todo y encuentra las razones para comprender (en teoría) todo. Cuando eso sucede quiere decir que todavía estás viviendo la gracia inmarcesible del enamoramiento. ¡Disfrútala! ¡Entrégate a ella!...

Dura tan poco…

En "El alumno de latín" (1905), uno de sus cuentos de juventud, el escritor alemán Herman Hesse, dueño de una sabiduría poco común, describió en unas cuantas líneas la dicha del enamoramiento: "(El protagonista) Se marchó rápidamente tras despedirse (de su amada) y empezó a caminar despacio mientras caía la noche y la oscuridad se hacía más intensa (…) ya nada era igual y todo estaba cambiado, convertido en un país de hadas desconocido. Amaba a una chica y se lo había confesado y ella se había mostrado bondadosa con él y le había dicho <Hasta la vista>".*

*El fragmento corresponde a la traducción de Berta Barenberg Freire. Herman Hesse, Nuevos cuentos de amor. RBA Libros, S.A.Barcelona, España, 2001

Cuando nos sentimos enamorados nadie nos va a convencer de que no lo estamos: nadie. En total obnubilación, el enamorado siente, ve y oye lo que quiere, lo que necesita. La confusión entre enamoramiento y amor es inevitable, digan lo que digan los teóricos, que lo más que pueden hacer es advertirnos, prepararnos.

Sin embargo, tú te irás dando cuenta, porque empezarás a descubrir los defectos y lo que te molesta de la otra persona, cosas que durante el enamoramiento no veías ni aceptabas ni por asomo, y que si de pronto las apreciabas inmediatamente las pasabas por alto porque tú –sólo tú y nadie más- no estabas dispuesto a que nada te echara a perder tu maravilloso enamoramiento.

Si después del enamoramiento empiezas a aceptar a la persona tal como es y a ser feliz con ella, con sus virtudes y defectos, has pasado a la etapa de amor real, más profunda y verdadera. ¡Cuídala, consérvala!


## 3.- Empieza de nuevo todos los días

El amor de pareja no puede ser inercial. No hay que dar nada por sentado. Si suponer es peligroso en muchos aspectos prácticos de la vida, en el amor es peor. El amor hay que trabajarlo todos los días con devoción, con entrega, con determinación. Usa tu imaginación, toda esa que pones en juego en el trabajo, aprende a utilizarla para uno de los objetivos más importantes de tu vida: conservar a la persona que amas. Tu conducta provocará reacciones positivas en tu pareja, eso es lo que significa retroalimentar. Si tú no das, paulatinamente tu pareja irá dando menos.

Si tú te vuelves inercial, también lo hará ella.

No, no se trata de "echarle ganas", se trata de que tus ganas sean, cada día, darle a tu pareja lo mejor de ti mismo.

## 4.- Expresa tu amor.

Por principio exprésaselo a quien amas, tu pareja nunca se cansará de que se lo expreses, de que lo manifiestes.

Y tampoco está de más que los otros se den cuenta de que estás genuinamente enamorado. No, no se trata de que llegues todos los días al trabajo o con tus amigos y les digas "¡Estoy enamorado!" Se trata, más bien, de que tus acciones lo manifiesten. Por ejemplo, si una tarde o noche al salir del trabajo tus amigos (as) te invitan a ir con ellos, di que no, que prefieres ir con tu pareja; dilo, así, claramente, no digas "tengo que llegar a la casa", no es lo mismo. Y no temas a lo que piensen (mira, lo traen cortito-a), qué te importa; además si lo dices convencido aceptarán de buena gana tu valiosísimo argumento... y si no lo aceptan no es problema tuyo.

Expresar tu amor fortalecerá ese sentimiento dentro de ti, y tendrás más para dar. Piensa que eres como una gran laguna de la que nace un río. Si esa Laguna no se nutre de agua, el río, poco a poco, se irá secando. No es el río el que nutre a la laguna, acuérdate que los ríos van al mar.

## 5.- Deja fluir tus sentimientos.

Ante la persona que amas no ocultes tus sentimientos, nunca tengas miedo de mostrarte tal como eres. Dale la oportunidad de conocerte en todas tus manifestaciones y contradicciones, en todas tus fortalezas y debilidades; si quieres llorar, que te vea hacerlo, si te sientes triste o frustrado que lo sapa y también las razones. No intentes nunca ser quien no eres. Si tienes miedo a que te juzgue en vez de comprenderte, quiere decir que no estás seguro de su amor, y quizá tampoco del tuyo. No te ocultes. ¿Temes que se le "caiga" la imagen? ¿Te ama a ti o a tu imagen? ¿Tú la amas a ella o a su imagen?

Es hermoso tener con quien reír, tanto como tener con quien llorar. ¡Quién mejor que tu pareja!

## 6.-Aprende a escuchar.

Exprésate, verbaliza lo que sientes, y además aprende a escuchar a tu pareja.

Por más bromas que se hagan al respecto, las mujeres tienen una capacidad mucho mayor para escuchar de la que tienen los hombres. Y también tienen mayor capacidad y necesidad de hablar, por ello expresan mejor sus sentimientos.

Si no estás dispuesto a escuchar, si sólo quieres tener la razón y que te alaben u obedezcan, nada va a mejorar o a progresar en tu relación. Tu pareja no va a saber qué sientes realmente, tú no vas a comprender lo que ella está sintiendo ante tal o cual situación. Hablar es importante y más aún lo es estar dispuesto a dialogar.

Sí, hay que tener paciencia para escuchar, dejar al otro explayarse, no interrumpir constantemente porque las interrupciones generalmente son defensivas. Muchas veces confundimos la necesidad de hablar con la necesidad de atacar, defendernos o lucirnos.

Y eso sí: hablar no es gritar; cuando gritas ya no estás hablando, simplemente estás tratando de imponer tu visión de las cosas, tu opinión, y el grito genera más desesperación en el otro, más enojo e impotencia: la comunicación posible se rompe por completo. El que grita pierde, siempre.

Y recuerda que cuando quieras hablar, tienes que estar dispuesto a escuchar al otro. El amor no puede ser de monólogos.

**7.- Busca y ofrece más, no te conformes.**

Si llega un punto en que el ser amado no te da lo que necesitas, quieres y consideras merecer en el amor, en una relación de pareja, no te conformes. Ha llegado el momento de irse.

Nada de que más vale "malo conocido que bueno por conocer". Ese dicho no debiera aplicarse nunca en nada y en el amor menos que en cualquier otra cosa.

Persigue lo que te mereces y quieres: si tú no lo buscas con ahínco nadie lo hará por ti.

Sin embargo analiza bien tus necesidades. Pedir demasiado es un error pues todos tenemos una determinada capacidad para dar. Hay necesidades insaciables para las que nunca nada de lo que haga el otro es suficiente. Tus necesidades están en relación con tus carencias reales o imaginarias, son producto de tu historia personal desde la infancia y de lo que aprendiste y viste en la relación de tus padres. Pero ten presente que ninguna pareja podrá ser tu madre o tu madre, nunca.

Ten mucho cuidado para evitar que esta búsqueda se convierta en una necesidad de control, de imponerte al otro. No intentes crear otra persona, si ésta no te satisface entonces déjala; al principio era obvio que sí te satisfacía, quizá algo cambió en el camino, y ese cambio fue de ambos. Controlar es destruir al otro. El o ella no pueden cambiar tanto como tú quisieras, ninguna pareja va a ser a "tu imagen y semejanza". ¿Y por qué quieres que cambie si la aceptaste como era en un principio?

Y ten presente que cada vez que pidas también debes pensar en qué quiere el otro que no le has dado.

## 8.- Da y pide

Con mucha frecuencia hemos escuchado o leído que el amor es incondicional, que lo importante es amar más que ser amado. Creo que eso no es verdad en una relación de pareja. Debe haber una correspondencia constante. Si das mereces recibir; si das tienes derecho a pedir. Esa incondicionalidad del amor no puede darse en una pareja a menos que ambos la practiquen igualmente. Cuando el amor es sano y maduro en la incondicionalidad alcanza su mayor expresión y por ello dar es natural y también recibir, entre ambos. Pero esa clase de amor es poco común, y tenemos que tener presente la realidad del tipo de relaciones que sostenemos; no podemos sumergirnos en una concepción ideal de la práctica del amor de pareja cuando el otro no lo está. Puede suceder que si das demasiado y pides poco o te conformas con poco, la pareja abuse de ti, crea que todo lo merece (claro que en esa situación no existe el verdadero amor sino otra cosa, que incluye manipulación, chantaje, etcétera).

Pero hay una realidad: cuando tu sentimiento y manifestación del amor es sano y maduro seguramente sólo te podrás relacionar con una persona que también lo practique así.

Si das buscando que te den y no lo logras, ni tu ni tu pareja están viviendo el amor de verdad. Lo mejor es separarse a menos que la neurosis se los impida y los lleve por el camino siempre lamentable de la mutua dependencia.

## 9.- Aprende a irte.

Cuando sientas que ya no puedes estar con esa pareja, por razones reales −no fantasías-, que ese amor no te satisface y tú tampoco lo satisfaces, cuando sientas que algo irreparable se ha roto −el amor es más frágil que el cristal de Bacará-, cuando la otra persona es incapaz de responder a tus necesidades de amor, tienes que irte. Te va a doler. No importa cuánto te duela, a la larga te dolerá mucho menos que haber permanecido en una relación destructiva. Porque toda relación que no satisface, que hace daño, es destructiva. Y la salvación está únicamente en ti. Tienes derecho a, después de sanar, guardar luto por esta pérdida, iniciar la nueva búsqueda o, mejor dicho, esperar la llegada de lo que realmente quieres para ti.

Es muy probable y loable −hasta cierto punto- que tu amor encuentre justificación para el comportamiento negativo de tu pareja, para lo que hace y te duele, en fin, ya sabes a qué me refiero. Por más que lo justifiques eso no cambia la realidad: estás siendo infeliz. Por más que la quieras, estás siendo masoquista y disminuyendo tu autoestima. Su comportamiento no va a cambiar a menos que ella quiera y quizá tu propio comportamiento fortalezca el negativo o destructivo de ella. Vete.

No tengas miedo. Recorrer un nuevo camino siempre parece más difícil y más riesgoso que continuar por la vereda en la que andas, que ya conoces; ten valor, ámate lo suficiente, tú, ámate tú, y aléjate de un dolor de vida que crecerá y crecerá si te mantienes en él.

Puede ser que alejarte te de miedo; la dependencia patológica suele ser muy fuerte. Quizá necesites apoyo externo, pues búscalo: hazte una red de amigos que te apoyen en todo momento, busca ayuda terapéutica, sólo decídete y no digo que te olvides de esa persona o que incluso no la vayas a extrañar; al poco tiempo te sentirás mejor, más feliz, Ten la certeza de que estarás mejor.

Cuando una relación termina te duele a ti o al otro o a ambos, no hay duda. Y siempre, en todos los casos, las pérdidas son de ambos. Recuerda lo que diste y lo que recibiste; recuerda lo que comprendiste y lo que no. Las pérdidas son de los dos aunque tú sólo pienses y te concentres en tu dolor.

Si estás enamorado de una persona que no responde a tu amor, que no es sensible a él ¡piensa de lo que se pierde!

## 10.- Perdona. No guardes rencor.

El rencor es uno de los sentimientos más autodestructivos. No lleva a nada salvo a hacerte daño a ti mismo. El rencor pudre por dentro a quien lo siente. No creo que sea positivo en ninguna circunstancia y menos hacer víctima de él a una persona a la que supuestamente se amó. Eso de que el amor puede volverse odio no es cierto. Si odias o tienes resentimiento hacia una persona que supuestamente amaste, lo cierto es que ese sentimiento amoroso no era real.

Si te hizo daño mientras duró, tú y sólo tú lo permitiste. Aquí si cabe el viejo dicho de que "para bailar un tango se necesitan dos". ¿Te gustaría que te guardara rencor? Sí, tú vas a decir que no te lo mereces: lo mismo puede decir la otra persona.

Perdona lo malo, lo negativo. Quédate con lo bueno, con lo mejor. No faltará quien te aconseje que para curarte de la pena del dolor, pienses en todo lo malo que te hizo tu ex pareja. No vale la pena. Perdónala. Guarda lo mejor, sonríe ante lo mejor. Tú te sentirás bien y eso es lo más importante. No importa si el otro sabe si lo perdonaste o no, no importa si te pide perdón o no, tú perdona, sobre todo por ti, para liberarte, para limpiarte. No andes por la vida cargando resentimientos; ocupan un espacio en tu corazón que podría ser mucho mejor utilizado. Un resentimiento es una absurda, inútil y pertinaz vuelta al pasado. Los resentimientos sólo te hacen daño a ti.

# PARA LA AMISTAD

*Sin amistad no hay vida, si es que se quiere llevar una vida digna
de un hombre (...) Así que la naturaleza no ama la soledad y
siempre se esfuerza en lograr un apoyo: éste es tanto más dulce
cuanto más amigo es el que lo proporciona.*

**Sobre la amistad**

**Cicerón**

Tener buenos amigos es una bendición, por eso en general tenemos
tan pocos a lo largo de la vida, por más personas que conozcamos,
por más compañeros de trabajo con los que hayamos compartido
horas y horas durante años. Los verdaderos amigos son seres muy
extraños porque hacen lo que es muy difícil que los demás hagan:
nos aceptan como somos, los aceptamos como son. No
cuestionamos su forma de ser, pues precisamente ella nos atrajo a
ellos; tampoco cuestionan la nuestra porque así los atrajimos.

Siempre se discute mucho si los hombres tienen mejores amigos
entre ellos que las mujeres entre ellas. Sinceramente creo que no
hay tal. A la hora de la verdad tanto hombres como mujeres
tenemos pocos, muy pocos amigos, y es obvio que entre ellos
puede haberlos de ambos sexos.

Suele ocurrir que nos llevemos y entendamos mejor con nuestros
amigos que con nuestros hermanos, de hecho es bastante común.
A los hermanos no los escogimos ni nos escogieron, y durante
nuestra vida en común se dan siempre múltiples situaciones
complejas muchas veces propiciadas por los padres sin que ellos
mismos se den cuenta. Y sucede que un día, lo que somos, es

plenamente aceptado por un desconocido y nos hacemos grandes amigos.

Por múltiples razones es común que a un amigo se le confiesen o comenten cosas que no se confesarían o comentarían con la pareja amada, a veces simplemente para no preocuparla, para no causarle un miedo o una angustia innecesaria.

Y ten presente una cosa: en ocasiones los amigos nos hieren o lastiman. Hay que estar preparados, no caer en victimismos y poner, si vale la pena, la amistad por encima de todo.

**1.- Aprende a encontrar a tus amigos, no los busques.**

Una vez que has crecido, no seas como en la escuela que todos buscaban hacerse amigos del más popular. En realidad no se hacían amigos, querían algo más de lo que eran por sí mismos y esperaban obtenerlo a través del otro y así sentirse agraciados.

El paso de los años suele demostrar que aquel tan popular acabó, si no mal del todo, por lo menos bastante detestado, porque tampoco supo hacer amigos; quiso, como los políticos, tener súbditos, alabadores y coros.

La amistad va surgiendo poco a poco, se va manifestando, no es un flechazo como el amor o el enamoramiento; un principio de empatía e incluso en ocasiones de antipatía, va propiciando la amistad y el feliz compromiso mutuo que conlleva.

Por lo general los compañeros de trabajo son sólo eso; no es común que se genere una real y profunda amistad. Sí, de acuerdo, hay excepciones. A lo largo de tu vida tendrás muchos compañeros de trabajo, y muy, muy pocos amigos de verdad. Porque además a los amigos los va decantando el tiempo y las circunstancias. Un día, un día cualquiera se presenta el momento en que la amistad se pone a prueba… y muy pocos la superan.

En la amistad, prima hermana del amor, también es imperativo dar para recibir, e incluso más aún. No puedes conservar a un amigo si no retribuyes lo que te da o le pides; la amistad es un toma y daca constante, y como en el amor, es una práctica inconciente, no premeditada, no razonada, es simple y llanamente sentida, natural.

### 2.- Acéptalos como son.

No intentes cambiarlos, por como son se hicieron tus amigos. ¿Entonces? Tampoco los idealices porque si eso sucede puede haber una decepción innecesaria, no por causa de ellos, sino por la imagen que tú te creaste de ellos.

Recuerda siempre que son seres humanos como tú. Tú no eres perfecto y ellos tampoco. Son personas que te han escogido para brindarte su amistad, es decir para ser solidarios, darse confianza mutua, compartir angustias y alegrías, sus temores más profundos, sus sueños más descabellados.

### 3.- Se leal.

Jamás, jamás se traiciona a un amigo. En el momento en que eso sucede la amistad se acabó. Nadie puede seguir siendo amigo de un desleal. Sí, también la lealtad es de ida y vuelta; la lealtad es una especie de complicidad en el más sano sentido de la palabra.

Si no puedes hablar bien de un amigo en una determinada circunstancia, si es inútil defenderlo, no hables mal, no te unas al coro de quienes lo critican.

**4.- Háblales sólo con la verdad.**

A los amigos lo único que se les puede decir siempre es la verdad. Deja las mentiras para otros (si quieres mentir deja eso para tus jefes, para los compañeros de trabajo, para tu familia-a veces es necesario hacerlo); nunca les mientas a tus amigos. Si mientes es que no le tienes confianza, y quizá no sea por causa de él sino por tu inseguridad. Si algún tipo de inseguridad te lleva a mentirle quiere decir que no sabes ser amigo, que crees que no te mereces su amistad plena, temes que te juzgue, que te recrimine quizá como lo harías tú con él.

¿Si es tu amigo, para qué le mientes? ¿Estás haciendo algo contra él? Ah, pues entonces eres desleal. ¿Estás mintiendo para protegerlo? Entonces ¿lo crees tan débil, tan inerme, tan indefenso?

Por lo tanto: si descubres que te mienten pues no son tus amigos y algo está fallando en la amistad. ¿Te mentirán por como eres tú o por como son ellos? Siempre es bueno al menos intentar averiguarlo.

**5.- Acude a ellos y tenles confianza.**

Tus amigos deben saber y sentir que en cualquier circunstancia pueden tener la confianza para acudir a ti, saber que al hacerlo van a encontrar apoyo, comprensión, quizá un poco de luz, solidaridad.

Y tú debes sentir lo mismo.

Es muy fácil tener amigos para divertirse, para pasarla bien; para eso siempre hay mucha gente que pone la mejor cara.

¿Y en las malas? En esas sólo se puede acudir a los amigos, y quizá a veces sólo se encuentre silencio porque te están escuchando, porque saben que necesitas hablar y encontrar la mejor respuesta al escucharte ellos, al escucharte a ti mismo.

Aprender a escuchar es muy importante en la vida, siempre; es doblemente valioso con los amigos.

**6.- Aclara de inmediato cualquier malentendido, resana cualquier herida.**

No dejes pasar o minimices una acción que te molestó o una interpretación errada de un suceso común o si te hicieron algo que te hirió, o tu heriste a un amigo.

Sólo las personas que nos aman nos pueden herir, lo que no significa que sea a propósito. Un enemigo o un desconocido pueden hacer algo que nos moleste, incluso que nos ofenda, pero no que nos hiera. Sólo nos hieren los padres, los hijos, las parejas y los amigos. Ese es precisamente parte del dolor de la herida: proviene de quien no lo esperamos. Hay que estar preparados siempre, aclarar y después perdonar.

Por lo general con la gente que queremos tenemos la costumbre de dejar pasar las cosas que nos molestan o desagradan, y resulta que no es sano, porque pueden acumularse (Igual sucede en la relación de pareja). Es importante que no te quedes con nada adentro, que ninguno de lugar a equívocos. Aclarar las cosas a tiempo suele terminar, la mayoría de las veces, con una sonrisa mutua.

**7.- Aprende a reconocer a los que no son tus amigos.**

Muchas veces el ego nos lleva a equivocarnos, y en ese ego entran la necesidad de popularidad, de reconocimiento, de afecto, en fin, una gran cantidad de necesidades que nos pueden llevar a equivocarnos con las amistades. Ningún amigo de verdad te estará recordando –o haciendo creer- todo el tiempo que eres sublime, maravilloso y etéreo ni celebrará todos tus chistes.

Por lo general los mejores amigos son más prudentes y más callados al respecto: te respetan tanto que no podrían caer en esas tonterías.

Es más, los buenos amigos intentarán alertarte sobre esas amistades engañosas, como seguramente tú harías con ellos.

Puede haber amistades por circunstancia, por conveniencia, satélites que ejercen a conciencia la ley de la relatividad: cuando estás arriba suben las escaleras atrás de ti, y cuando caes ninguno baja aunque sea un escalón.


**8.- Los amigos de tus amigos no tienen por qué ser los tuyos.**

Cada amigo debe estar en su lugar. Tú puedes tener un amigo X que a tu amigo Y le caiga muy mal. Eso no debe ser un problema, simplemente no los juntes en un pequeño grupo. Si el amigo A de tu amigo B no es de tu agrado por mera antipatía, no le hables mal de él a tu amigo A, él tendrá todo el derecho a molestarse contigo si lo haces. Hay que respetar. No puede haber control, posesividad, celos, en las verdaderas y profundas amistades.

Recuerda que todo es una cadena que se multiplica. Tus tres mejores amigos son grandes amigos entre ellos y contigo, para decirlo de una manera obvia y conocida son como D'Artagnan y los tres mosqueteros, pero cada uno tiene otros amigos que también ocupan un lugar en su corazón y en su afecto. No es lo mismo "Uno para todos y todos para uno" que "todos para mí". Fíjate bien: no es lo mismo.

## 9.- Apóyalos siempre que te sea posible.

No esperes recibir nada a cambio, y no te sorprendas si cuando te toque a ti, no recibes el apoyo buscado. Algo está fallando. Eso sí, ten presente siempre que nadie está obligado a dar lo que no puede.

Mal las cosas cuando se puede y no se hace.

Cuando un amigo esté en problemas, no esperes a que te pida ayuda, toma la iniciativa; si es un tema delicado, sólo tendrás que ser cauteloso. Quizá él no te pida ayuda al principio, pues todos tenemos ciertos pudores ante o por nuestros problemas; sí tú eres un buen amigo sabrás darte cuenta de su situación. Por lo menos, ante sus problemas tienes que mantenerte alerta y no hacerte el desentendido.

Sin embargo, aunque tú sepas que está en problemas guarda silencio y distancia hasta que él te lo exprese a ti directamente. Sí, tienes que estar alerta, sin invadir su intimidad. El tendrá sus razones y él sabrá en qué momento te contará el o los problemas.

Ten presente siempre que tú no puedes resolver los problemas de los demás: puedes dar todo el apoyo necesario, todo el apoyo que te pidan, teniendo en cuenta que las soluciones o las decisiones finales son siempre personales, así que mucho menos intentes imponer la tuya, por muy buenas intenciones que tengas. Y respeta cabalmente la decisión que tomen tus amigos.

**10.- Haz del sentido de la amistad uno de tus valores primigenios.**

Tu sentido de la amistad, tu forma de ejercerla, habla mucho sobre cómo eres en realidad. Si temes ser juzgado, si temes al qué dirán, ten cuidado porque mucho expresará de ti la forma en que ejerzas la amistad, como la des y como la recibas.

En la amistad no hay medias tintas: o es plena o no es. En mucho es como el amor y en muchas ocasiones puede durar más.

Lo que hagas por un amigo nunca, aunque lo parezca, será un sacrificio. Deberás hacerlo por gusto, por el placer de que puedes hacer algo por ese ser humano, uno entre millones y millones. Tu amigo.

# PARA VIVIR EN LA DIFERENCIA (la relación con el *Otro*)

*El hombre mata por miedo y el miedo es una hidra de cien cabezas. Una vez que se ha iniciado la carnicería, no tiene fin. No bastaría una eternidad para vencer a los demonios que nos torturan. ¿Pero quién ha traído los demonios? Esto es lo que cada hombre debe preguntarse. Que cada hombre busque en su propio corazón.*

**El coloso de Marusi**

**Henry Miller**

El racismo y la xenofobia son conductas aberrantes aprendidas. Si en nuestra casa nos enseñaran a no practicarlas todos seríamos, por lo menos, tolerantes. Si escuchamos de los adultos juicios racistas, xenófobos o contra los homosexuales y lesbianas los damos por buenos y creceremos con ellos, y un día nos pueden llevar a hacer barbaridades.

(Aparte: Es importante para mí hacer un comentario. En el mundo ha cundido el verbo "Tolerar" como la actitud que se debe tener para con "el otro". En sí es una palabra que no me gusta mucho. Tolerar no significa aceptar. Uno fácilmente puede decir: "A fulano lo tolero, pero nada más". Eso claramente significa que jamás será amigo, no se le invitará a casa, no entrará a su círculo, no se le ayudará, etc. Se puede tolerar a los chinos, a los negros, a los árabes, a los latinos, a los blancos, a los judíos, a los homosexuales, pero hasta ahí. Tolerar no es sinónimo de aceptar. Lo importante es aceptar de corazón. Saber que aunque los *otros* tienen otras preferencias, costumbres, otra forma de ver el mundo, otro color de piel, otras religión, en esencia son iguales a nosotros, están hechos exactamente de lo mismo que nosotros y se alegran y sufren igual a nosotros)

Si somos racistas, xenófobos u homofóbicos es porque lo aprendimos en la infancia, sobre todo dentro de nuestras familias, en nuestro entorno, y por ello llevamos esa conducta al colegio y más adelante a nuestra vida adulta.

Siempre que hay crisis en un país que ha recibido extranjeros, hay nacionales empiezan a verlos con mayor recelo, a culparlos de la desgracia, a considerar que sin ellos estarían mejor, a considerar que ellos les están quitando el trabajo, a argumentar que están echando a perder el país… Todo es producto de la impotencia, de la necesidad, siempre, de culpar a otros.

Podemos cambiar si somos un poco humildes. Siempre me ha llamado la atención que en todas las religiones hay conductas de esa índole entre sus fieles. En el cristianismo –que es donde me encuentro- el mandamiento de "Amarás a tu prójimo como a ti mismo" es casi letra muerta. Ta parece que dijera "Amarás a tu prójimo como a ti mismo siempre y cuando no sea diferente a ti". Y no, no dice eso.

Lo tristemente inverosímil es que en cualquier raza se practican ambas conductas. A veces con una hostilidad abierta y otras con hostilidad soterrada, simulada, pero a fin de cuentas presente. Creo que por la "tolerancia" en algunos ámbitos no nos matamos entre todos. Si nos *aceptáramos* el asunto sería mucho mejor, diferente, hasta divertido y ¡cuántas cosas aprenderíamos!

Este rechazo también se vive contra quienes tienen otras preferencias sexuales: se les critica, se les acosa, a veces se les desprecia. ¿Por qué? Es una conducta absurda y farisea alimentada también por diversas religiones. Respeta la libertad, respeta la elección. ¿A qué tienes miedo? Libérate de los prejuicios ancestrales, no seas destructivo ni agresivo con quienes tienen otras preferencias: eso no los hace malas personas; en lo persona he encontrado gran generosidad y calor humano en muchos homosexuales y lesbianas. No juzgues, no interpretes, no califiques. ¿De verdad te crees mejor que ellos sólo porque eres heterosexual?

**1.- Acepta al otro.**

Es tu igual, es una creación única e irrepetible de la energía del universo de la cual surgiste tú también. Eres parte de él y él es parte de ti.

Si tú te le atraviesas a un coche, te atropella, no importa de qué color, raza o religión eres. Si te tiras a un río caudaloso sin saber nadar, la corriente te llevará sin tomar en cuenta si eres buena o mala persona. Nadie dirá "Se ahogó porque era judío… negro… latino. .. homosexual".

El racismo, la exclusión son absurdas manifestaciones de inseguridad y cobardía. No puedes rechazar a otro creyéndote superior, porque no lo eres.

La exclusión, el racismo, el prejuicio expresan muchos de tus miedos conscientes o inconscientes respecto a ti mismo y los ves reflejados en otro. Libérate.

**2.- Abrete al otro.**

Date la oportunidad de conocerlo. Interésate por sus costumbres, por su visión del mundo, por sus sentimientos.

Además, tú te sentirás más feliz, enriquecido, liberado. ¿No has pensado que a veces en tu país el de otra raza, el extranjero, el homosexual actúan con cierta cautela, con recelo que inmediatamente tú confundes o crees que es displicencia, complejo de superioridad? Ellos temen el rechazo, a veces no saben cómo actuar. Da tú el primer paso.

Por lo menos date la oportunidad de conocer por ti mismo a esa otra persona a verla con claridad en sus cualidades y en sus virtudes; libérate de los prejuicios y comprende que su conducta es de ser humano y no por ninguna otra clasificación.

### 3.- Respeta sus tradiciones, su cultura, su religión, su lengua.

Las tuyas no son mejores, sólo son diferentes. Todas las manifestaciones humanas están llenas de creatividad, de historia, de leyenda y fascinación. Averigua lo que hay detrás de una tradición, por ejemplo, y seguramente te llevarás una grata sorpresa.

Su lengua puede ser tan rica y expresiva o más que la tuya. Acuérdate que la lengua expresa el mundo interior y exterior de las personas.

Y Dios es uno, aunque tenga cien diferentes nombres. La religión es sólo una práctica del amor a Dios, y como cualquiera merece respeto.

**4.- Incúlcales a tus hijos la aceptación.**

Nadie es bueno o malo por su raza, sus creencias o sus preferencias sexuales; quien se refugie en ello para justificarse está mal, aléjate de él.

Si no te has convencido de no ser xenófobo o racista o de rechazar a los otros por sus preferencias sexuales, por lo menos ten la pertinencia de no hacer comentarios de esa naturaleza delante de tus hijos; no los envenenes. Pregúntate qué de bueno te ha dejado, si lo tienes, ese sentimiento, en qué te ha ayudado, qué has logrado de positivo por tenerlo.

En la escuela puede ser muy común que para no aislarse de "la mayoría" un niño se sume a las bromas o desprecios contra otro diferente. En estos casos tu intervención como padre o madre es definitiva. Habla con él, hazle ver la verdad y que comprenda que no tiene que ser como los otros sino él mismo, en éste como en todos los casos.

**5.- El extranjero no es tu enemigo.**

El mundo está globalizado y la migración forma parte de muchas culturas.

El extranjero no te quita nada. Ocupa un espacio que nadie más ha ocupado.

Si un extranjero emigra a un determinado lugar es porque sabe que hay oportunidades; quizá él sepa aprovechar las que tú nos has visto o querido.

**6.- Si tú emigras aprende a no criticar al país que te está recibiendo.**

Interésate por él. Toma lo que te ofrece, no sólo lo que buscas pues esto te puede mantener ciego o indiferente hacia lo mejor. Respeta sus tradiciones y costumbres.

Somos muy dados a decir "en mi país se hace esto o lo otro". Nos tendremos muy merecido si nos dicen    "¿Y por qué no te regresas?".


**7.- Aprende de los extranjeros.**

Los países que los reciben siempre, a la larga, se ven enriquecidos por su presencia.

Aunque ahora haya muchos que no lo recuerden en Estados Unidos, ese fue un país que se formó gracias a los migrantes.

La migración enriquece la cultura, la educación, las ciencias, el deporte.

El mundo occidental se nutrió de los matemáticos árabes; Rusia lo hizo de los europeos; Estados Unidos de los franceses, irlandeses, polacos, griegos, mexicanos; los romanos se enriquecieron del pensamiento y el arte griego; los mexicanos tuvieron la fortuna de recibir a brillantísimos españoles a causa de la Guerra civil y eso enriqueció el arte, la culta, la ciencia.

Ponte a pensar seriamente por qué les temes. Quizá lo que descubras sobre ti mismo no te guste.

## 8.- Elude el nacionalismo.

Es una enfermedad grave y contagiosa.

Es muy distinto tener sentido patrio, amar tu tierra, su historia, sus costumbres, a ser nacionalista.

El nacionalista no ve hacia fuera más que con desprecio, detesta a los ajenos, se siente superior y así trata de manejar sus complejos de inferioridad.

Por lo general los nacionalistas son muy ignorantes y asumen erróneamente que su nacionalismo los cobija de la ignorancia, creen que los fortalece y, para colmo, que los hace superiores.

Nada ha causado más destrozos en la historia de la humanidad que las guerras religiosas y las diferentes manifestaciones del nacionalismo, incluidas en ellas, desde luego, las conquistas.

## 9.- No caigas en la sencillez del antisemitismo.

Históricamente, gracias sobre todo a la iglesia católica del primer milenio y al Papa Inocencio III, los judíos han sido perseguidos por los demás.

Los núcleos a donde ellos emigran no toleran que sean diferentes, que conserven sus tradiciones, sus costumbres, que todavía esperen al Mesías.

Durante la dominación española los árabes tuvieron la sabiduría de respetar y hacer que musulmanes, judíos y católicos vivieran en paz y en respeto. Los romanos permitieron costumbres y tradiciones y respetaron las religiones en los pueblos que conquistaron.

Sí, ya sé que hay judíos racistas. Sí, no más que en cualquier otra raza, tenlo presente.

El antisemitismo es muy sencillo de practicar: tiene siglos, se ha enseñado generación tras generación. No seas como los que te precedieron.

No hay una sola razón válida y sensata para ser antisemita; al contrario, hay muchas más razones para admirar a los judíos porque siendo una población absolutamente minoritaria en el mundo, de ella han salido, en todas las épocas, mentes de lo más brillante y trascendente que se pueda dar en la humanidad.

**10.- No permitas que tu raza, tu nacionalidad o tu preferencia sexual te hagan sentirte superior a nadie.**

Sólo eres un ser humano, único y maravilloso, sí, como cada uno de los otros desde la India a Alaska, de la Patagonia a Siberia, de las Islas Fidji a Cuba. Todos somos los habitantes de este planeta que llamamos Tierra; todos lo cuidamos, todos lo destruimos; todos amamos, sufrimos, cantamos, dormimos. Todos nacemos y morimos igual.

# PARA LA RELACION CON LOS PADRES

Las relaciones con los padres son de las más complejas y conflictivas que pueda tener un ser humano. Entran en juego muchos valores y emociones: amor, agradecimiento, temor al abandono, culpa, impotencia, posesividad, control de unos y otros, etcétera. Sí, muchos de los factores que también entran en juego en una relación de pareja, la diferencia es que esa relación con nuestros padres desde la infancia nos moldeó y puede haber marcado definitivamente nuestra vida; incluso nuestra relación de pareja está conducida, guiada por nosotros por las señales acumuladas y aprendidas en la relación con nuestros padres.

Atreverse a mirar fríamente esa relación, comprenderla, analizar sin juzgar sus aspectos positivos y creativos y sus aspectos destructivos, resulta absolutamente indispensable para nuestro crecimiento como seres humanos libres, independientes y maduros.

La relación entre padres e hijos pueda estar sumergida en una absoluta confusión de valores y emociones y parecer a ojos propios y ajenos de lo más normal.

Creo que la mejor forma de ilustrar esto es con ejemplos muy simples.

Puedes querer hacer un viaje muy largo o irte a estudiar o trabajar a otra ciudad u otro país, y sin embargo te detienes aduciendo que nos puedes dejar a tus papás, que se van a sentir muy solos. Cuando en realidad esa es la racionalización de tu miedo y el que no se atreve a hacer ese cambio eres tú, aunque inconscientemente no puedas reconocerlo.

A la mejor has tenido mucho éxito económico en la vida, o éxito en diversas relaciones, todo lo contrario de lo que vivieron tus padres o alguno de los dos, y tus logros, incluso tus momentos de alegría terminan por causarte culpa porque ellos no vivieron lo mismo que tú.

O quizá te rehusas a obtener logros, cometes autosabotaje porque ellos no pudieron alcanzar eso que tú tienes al alcance de la mano.

Si eres adulto puedes "querer" hacer esto o aquello o tener una relación con tal o cual persona, y al cabo terminas por decir que no puedes, que te es muy difícil porque tus padres "no te dejan" o "no les gusta". Estás en un error: no les eches la culpa, si realmente quisieras y tuvieras la fuerza para ello harías aquello con lo que tú te sientes bien, sin importar la opinión de tus padres. Justificas el temor que tienes a tomar las riendas de tu vida.

Estos cuatro ejemplos abarcan una amplia gama de posibilidades y circunstancias, creo que puedes aplicarlos a muchas situaciones. Lo más importante es que comprendas que buena parte de tu felicidad radica en la independencia que logres tener de tus padres –lo que te llevará a ser independiente de cualquier otra persona- y que ser independiente no implica carecer de amor o no darlo.

**1.- Amalos con todo tu corazón, ámalos incondicionalmente.**

Por ellos viniste al mundo, por ellos existes y estás lleno de ellos. Cada molécula de tu cuerpo proviene de ellos y sin embargo te hicieron único e irrepetible.

Te han dado en amor y en cosas materiales todo lo que han podido, lo que ha estado en su capacidad y su posibilidad: no podían darte más ni algo diferente simplemente porque no lo tenían.

Recuerda que ellos también aprendieron de sus padres, tuvieron otro entorno; tuvieron ganancias y pérdidas. Antes de juzgarlos piensa en eso.

## 2.- Tenles paciencia

No te desesperes con ellos por sus consejos, sugerencias, aprensiones; no los creas estúpidos ni consideres que eres más que ellos, porque no es cierto. Así que tenles paciencia, no condescendencia. Escúchalos, reflexiona y después elige o decide. La paciencia es una expresión del amor con los padres, con los hijos y con todos los demás. Al primero que beneficia la paciencia es a quien la pone en práctica, pues quien tiene paciencia *sabe*, contempla, reflexiona, espera… y al final encuentra lo mejor.

## 3.- Perdona siempre sus errores, que son muchos.

Sólo un padre o una madre muy enfermo del alma le causa daño a un hijo a propósito, y en ese caso sólo tendrías que sentir compasión por ellos, y la compasión lleva al perdón. Si no es el caso, lo que te hayan hecho de "malo" tus padres fue sin quererlo; ellos obraron en cada momento de su vida creyendo hacer lo mejor, y actuaron con su visión del mundo, con su carga de problemas, de sueños, de ilusiones, de frustraciones.

Aléjate de cualquier resentimiento hacia ellos. Con el paso del tiempo siempre sabrán dónde y por qué se equivocaron. Si tú conservas resentimiento hacia ellos, te estás creando una atadura, una dependencia al dolor, al recuerdo del o los sucesos y nada de eso te permitirá ser libre. Guardar resentimiento hacia tus padres te hará infeliz a ti e infelices a ellos; ninguno saldrá ganando nada bueno. El resentimiento sólo daña, al igual que el odio, a quien lo siente.

**4.- Si tienes algo que reprocharles, hazlo a tiempo.**

No temas al dolor que eso te causará y les causará a ellos. A la larga será mejor hablarlo, que dejarlo en el desván con la polilla que carcome. Reprocharles algo no implica que no los ames, creo sinceramente que al contrario.

(Utilizo la palabra reproche porque es muy comprensible, enseguida sabemos a qué nos referimos, pero en realidad lo importante es hablar con ellos aquello que nos duele y que causaron.)

Nunca será suficiente lo que hablemos con ellos. Después del reproche, del reclamo, de la conversación, los dos se sentirán más libres. Puede ser que ellos ni siquiera recuerden aquello que tanto dolor te causó, por eso estaría bien conocer su punto de vista. Y de pronto, puede ser que en la plática ellos te digan que conservan un dolor muy grande por algo que te hicieron ¡que finalmente nunca te afectó! Si no hablan con claridad, ninguno comprenderá al otro.

**5.- Pregunta; que el temor, la pena o la prudencia no te impidan saber lo que tienes derecho a saber.**

Partiendo del hecho de que "la familia feliz" no existe más que en los anuncios de televisión –y eso porque duran 30 segundos– asume que la familia ideal y perfecta no existe. Tener en cuenta eso es en verdad un alivio. Y todas las familias tratan de ser lo más felices que pueden como pueden. Y en todas, absolutamente en todas, hay secretos, problemas, jaloneos: están formadas por seres humanos.

Así que pregunta sin miedo todo aquello que creas que tienes derecho a saber. Hay quienes se la atribuyen a san Agustín, otros más aseveran que es de san Ignacio de Loyola, pero quien verdaderamente escribió la siguiente frase llena de sabiduría fue san Juan, el apóstol bienamado: "La verdad os hará libres".

Como nunca falta, alguien podría argumentar que la frase se refiere al conocimiento de Dios o de las enseñanzas de Jesús, sin embargo no hay verdad más grande que la verdad interior, y la verdad es lo que realmente *es*: en la vida y en el espíritu. Ocultar la verdad causa un gran peso; decirla siempre es liberador, saberla puede doler al principio, pero aclara y en consecuencia libera. Así que si tu curiosidad contribuye a develar un secreto que te libere a ti y a quien lo guarda ¡magnífico! Sucede que a veces se guardan secretos por razones muy tontas, entre ellas el "qué dirán" aun los miembros de la familia. Me parece absurdo. Creo que los hechos de familia se vuelven siniestros o morbosos cuando tratan de esconderse y no cuando se ventilan. La vergüenza está en el secreto no en la verdad.

Tienes derecho a saber. Tú vienes de la carne, sangre y espíritu de tus padres, y de los padres de ellos y de sus abuelos. No eres ajeno a la historia sino parte de ella.

Eso sí, no juzgues, no tienes derecho a juzgar. Mejor intenta comprender, sólo comprender y, si hace falta, perdonar.

Y si no preguntas a la mejor tampoco te enteras de anécdotas e historias de familia maravillosas, divertidas, capaces de hacerte sentir más orgulloso aun de tu sangre. Saber esas historias y de tus antepasados, te fortalece interiormente, acentúa tus raíces, enriquece tu experiencia de vida.

**6.- No hagas tuyos sus problemas.**

Los problemas de tus padres y entre ellos, de la índole que sean, sólo a ellos pertenecen: no son tuyos, no los hagas tuyos. Tú tienes que enfrentar tus propios problemas, no los de los demás. Esto no es egoísmo aunque parezca, es por salud mental. Una vez que haces tuyo el problema ajeno pierdes objetividad, capacidad de respuesta, de ayuda, de apoyo. Si el problema es muy fuerte y no está en tus manos aportar una solución, con mayor razón debes mantenerte a distancia. Te va a doler, sí: no permitas que te arrastre el mar embravecido, aunque sea el de tus padres. Que tu miedo no gane.

Puede ser que la dependencia hacia tus padres te impida mantener la distancia, hacerte sentir más necesario de lo que eres. Puedes creer que ellos te necesitan cuando en realidad quien los necesita desesperadamente, por inmadurez, eres tú, y por eso crees que debes meterte en sus problemas, intentar solucionarlos: no se puede.

Tu solidaridad debe tener un límite para que no pierdas independencia o, lo que es peor, no la obtengas.


**7.- Se generoso, intenta darles algo.**

Tú dales amor, paciencia, tolerancia, viajes, cosas ¿por qué no? Ten detalles con ellos. En este mundo físico el amor se expresa de mil formas, espirituales y materiales; no te canses nunca de expresarles y manifestarles tu amor y tu agradecimiento. Siempre y cuando sea tu iniciativa y tu deseo hacerlo. Eso no se hace porque *se debe* hacer sino porque *se siente*. Y se hace cuando se quiere, no cuando se manda por las tradiciones, los convencionalismos sociales o la mercadotecnia.

También dales tu comprensión y tu tolerancia. No los inhibas, no los apenes, no los corrijas, no intentes cambiarlos. Eso también es dar, es ser generoso.

### 8.- Haz que te respeten como persona.

Son tus padres, no tus dueños. Tenerles agradecimiento no implica someterse a ellos. Si te sometes a sus designios piensa bien en las razones y las causas adentro de ti para que después, si las cosas no salen bien, no los culpes y les reproches una decisión que tú, y sólo tú, tomaste.

Tú eres la primera persona que debe comprender y asumir que tiene derecho a elegir y a equivocarse o a... acertar. Eso implica darse a respetar, con tus padres y con todo el mundo.

Sí, escucha lo que te dicen, sugieren, opinan sobre tal o cual tema, tal o cual persona, sin embargo haz tu propio juicio y, si es necesario explícaselos y arguméntaselos.

No se trata de asumir permanentemente una conducta adolecente – porque esa puede ser muy pasajera-, y tampoco se trata de rebeldía sino de autoafirmación, de hacerte responsable de tu vida. Puede resultar muy cómodo –y justificante a la larga- decir que hiciste esto o aquello porque te lo mandaron tus padres. Nada te va a eximir de tu responsabilidad contigo mismo.

Tienes que saber decir lo que quieres y por qué; tienes que mostrar madurez e independencia de criterio. No debes permitir que te contagien sus miedos o frustraciones. Aún queriendo lo mejor para ti pueden equivocarse. Recuerda que la vida de cada quien es única, personal, intransferible y que en toda vida hay éxitos y fracasos, aciertos y errores, y tú tienes derecho a los tuyos.

### 9.- Aprende a ser independiente de ellos.

A la larga será un gran regalo para ellos, además de uno de los logros más importantes y fundamentales de tu vida.

No te escudes en ellos, no los tomes como pretexto para no afrontar retos o miedos; para no tomar decisiones.

Puede ser que tus padres se excedan en consejos, en protección, en marcarte caminos, amistades, amores, supuestamente porque quieren lo mejor para ti (que además no hay por qué dudarlo), pero ese "lo mejor para ti" puede significar también que en realidad es lo que ellos quieren para estar bien ellos, para tranquilizar sus miedos y temores, por ejemplo de distancia, de abandono o para no tener que preocuparse (nadie les está pidiendo que se preocupen). ¿Puedes ser capaz de reconocer esto sin enojarte con ellos? Hazlo: si te enojas te mantienes en la dependencia.

Para ser independiente no hace falta alejarse de ellos o dejar de verlos, eso de nada servirá si en tu interior se mantiene la dependencia. La independencia no es algo físico sino emocional, de conducta, de sentimientos. Y también puede ser material.

### 10.- Evita los chantajes.

Es muy común   que aseguremos que los padres nos hacen chantajes sentimentales, y puede ser que tengamos toda la razón. No olvidemos que nosotros también somos capaces de hacerlo.

Todo chantaje lleva implícita una semilla de culpa. O nos creemos culpables y creemos que el chantaje nos va a liberar, o sentimos que ellos son culpables de nuestra desgracia o sentimientos inadecuados –cualesquiera que estos sean- y queremos chantajearlos. Hay un terrible miedo escondido detrás de todo esto.

Si ellos se dejan chantajear es por el miedo a que los dejes de querer; y si tú las chantajeas es por el miedo a que te dejen de querer, porque quizá tu inconsciente –o tu ego– cree que ya "no eres lo más importante para ellos".

Esta actitud, esta conducta chantajista en los hijos no sólo es producto del consentimiento de los padres, que un día, cuando no se da la respuesta esperada los hijos no entienden, dado que han recibido todo incondicionalmente, sino de una especie de espíritu de venganza latente en los hijos, y desde luego sazonado con el temor de perder el espacio que como tales ocupan en la vida de sus padres.

Esta situación, aunque es de lo más común –el hijo tiene por lo general un sentimiento insaciable de amor–, suele acentuarse en un divorcio y cuando el padre o la madre tienen relaciones con un tercero. El hijo(a) quiere castigarlos porque le rompieron a él su mundo ideal, su *happy family*, porque él se siente víctima de unos padres que resultaron absolutamente humanos. ¡Perdónalos por no responder a tus expectativas! Tienen derecho a intentar el amor cuantas veces les sea necesario. Los hijos no son pareja, son una compañía maravillosa, hasta ahí, nada más.

El divorcio o la separación pueden ser traumáticos –si lo es para los padres, en cualquier circunstancia–, más lo es para los hijos. Sin embargo, los hijos tienen que hacer el enorme esfuerzo por entender la independencia, libertad y búsqueda de salud de los padres. Así que no hay por qué hacerles chantaje. Nuestra capacidad de sobrevivencia emocional supera, si somos inteligentes, esas situaciones. Lo único que tenemos que hacer, y es lo más difícil, es comprender a nuestros padres y sus decisiones de vida, que bajo ninguna circunstancia son nuestras y no tenemos por qué juzgarlos. Como siempre he dicho: puede que no haya pleitos públicos –aunque la tensión abierta sea fácilmente comprensible, curiosamente en primer lugar para los hijos-, pero nadie sabe qué sucede tras la puerta cerrada de la recámara.

## PARA LA RELACION CON LOS HIJOS

*A menudo los hijos se nos parecen;*
*Así nos dan la primera satisfacción;*
*Esos que se menean con nuestros gestos*
*Echando mano a cuanto hay a su alrededor.*
*(...) Cargan con nuestros dioses y nuestro idioma,*
*Nuestros rencores y nuestro porvenir*

**Esos locos bajitos**
**Joan Manuel Serrat**

Este decálogo es, en su mayoría, para la relación con los hijos cuando son pequeños, su etapa de formación decisiva, la más importante, la que en buena medida habrá de definirlos para el futuro. De cualquier modo, nada es excluyente; verás que algunas sugerencias serán útiles en cualquier edad pues los hijos nunca dejan de serlo.

### 1.- Amalos de tal forma que sientan profundamente tu amor.

El amor no puede darse por sentado, no es inercial, no es meramente "lógico". Los niños –y creo que todos los seres humanos aun adultos- necesitan constantes manifestaciones, expresiones de amor y los padres tienen que saber dárselas. Todavía hoy en día no faltan los padres que creen que educación es meramente severidad, austeridad, regaños, disciplinas. No faltan los padres que cuando castigan, o peor aún, cuando pegan, son capaces de decirle al hijo: "Me duele más a mí que a ti, pero te lo mereces". Perdón: decir eso es una soberana estupidez.

A veces hay que regañarlos, llamarles la tención, pero ten cuidado de no humillarlos nunca, de no hacerlos sentir indefensos.

Nunca abuses de tu poder de padre; que mientras son niños no tengan que llegar a la escuela cargando una vergüenza, un regaño hiriente; que no lleguen, por eso, desprotegidos al principio del mundo que tienen que enfrentar.

Amarlos es protegerlos, no *sobre*protegerlos. Amarlos es escucharlos y atenderlos, no consentirlos permanentemente. Amarlos es lograr que nos tengan confianza, que sepan que somos solidarios con ellos. No, no intentes ser su amigo, no lo eres, eres su madre, su padre, que es mucho más y que implica responsabilidades profundas.

¿Sabes que nunca enseñamos a nuestros hijos a decirse a sí mismos "Me quiero mucho"? Nunca nadie nos enseñó a hacerlo, a decírnoslo. ¿A ti sí? ¡Pues que afortunado! ¡Eres un caso excepcional!

Enseña a tus hijos ante el espejo, abrázalos, sonríeles y diles: "Te quiero mucho" y además –repite, conmigo hijo- "Yo me quiero a mi mismo"… ¿A poco no sientes bonito nada más de pensar que lo haces? ¿Te imaginas todo lo que puede sentir tu hijo?

Sentirse amados les dará seguridad, y además te harán sentirte amado a ti.

**2.- Aprende a escucharlos y no pretendas que sólo te escuchen a ti.**

Los hijos tienen muchas cosas que decir y necesitan saber que te las pueden expresar sin miedo, con confianza.

Sí, ya sé que muchas veces interrumpen. Enséñales a que no lo hagan, no les contestes desesperado. Acuérdate de hacerles caso.

Toma en serio lo que te digan; intenta darle el mismo valor que ellos le dan a lo que te están diciendo. Para ti puede ser una minucia, y en cambio para ellos, a su edad, en su mundo, en su experiencia, puede ser de lo más importante.

No te vayas a burlar, ten cuidado, lo puedes lastimar y perder su confianza. Tú eres el del conocimiento y la experiencia, así que llévalo por un camino en donde sea más fácil para él encontrar la solución.

En general los que necesitan ser escuchados son ellos, tú tienes poco que decirles a menos que sea en los juegos y en los temas que a ellos les interesan.

Aunque no lo creas, la educación no necesita de mucha palabrería. La buena comunicación te ahorrará muchos sermones (además los sermones suelen ser inútiles la mayoría de las veces).

**3.- Dales todo lo que puedas, nada más.**

No los enseñes a vivir de una forma que no sea congruente con los recursos de la familia. Evita que se creen una imagen falsa de su realidad.

Ciertamente uno quiere lo mejor para ellos; precisamente *lo mejor* es darles lo que puedes, sobre todo tu amor, y lograr que ellos comprendan tus límites materiales.

Si tú haces un esfuerzo adicional, más adelante sentirás la presión. Tus hijos, además, volverán a pedir más de lo que pueden tener porque ya vieron que lo obtuvieron. Tarde o temprano acabarás culpándolos o reprochándoselos cuando en realidad la responsabilidad, el error fue tuyo desde un principio. No digas "bueno, por esta vez", porque así se empieza.

No cedas a su presión, no sientas lástima porque no tienen lo que quieren.

No te presiones a ti mismo para darles lo que genuinamente no está a tu alcance, desde un juguete hasta una escuela.

**4.- Tenles paciencia.**

La paciencia implica también templanza. Hay que echar mano de la paciencia de muy diversas formas. Hay que tener paciencia para enseñarlos, para que aprendan, para jugar con ellos; lo que para ti es muy sencillo y obvio para ellos no, sobre todo cuando están muy pequeños.

También se necesita otra expresión de la paciencia. Hay que estar bien templado para no satisfacer caprichos. Con mucha frecuencia, con tal de que ya no nos den lata, acabamos haciendo, dándoles, lo que querían. "Bueno, ya, ándale", decimos con un fastidio: vamos a descansar, nos van a dejar en paz. ¡Ya nos equivocamos! Volveremos a caer en la trampa y ellos, que son muy listos, nos la pondrán una y otra vez. En el porcentaje de goleo, los niños anotarán más veces. ¡Sólo porque no tuviste la templanza necesaria una vez!

Sólo piensa -y ellos deberán aprender a entenderlo- que si no les das algo es porque no puedes, porque no debe ser o porque no es prudente. No creo que nadie le neguemos algo a nuestros hijos si podemos dárselos, si es para su bien, en fin. Y cuando no se puede, pues no se puede.

Los niños son caprichudos, y lo peor es que sin quererlo tú como madre o como padre puedes hacerlos aun más caprichudos.

No pierdas la paciencia, la templanza, no te desesperes porque además eso te llevará al enojo y puedes hacer o decir cosas de las que después te arrepentirás, puedes herirlos. No, mantente suavemente firme, por ti y sobre todo por ellos.

Ten presente, además, que un día, con el paso del tiempo, quien va a necesitar de la paciencia de sus hijos eres tú. ¿De quién, mejor que de ti, deberán ellos aprender la paciencia?

**5.- Ayúdalos a descubrir sus talentos y a que los apliquen.**

Sus talentos no son los que tú quisieras sino los que ellos tienen. Y ten la certeza de que los que poseen son los mejores que deberían tener.

Todos, absolutamente todos nacemos con talentos específicos. Los primeros que deben descubrir esos talentos y ayudar al niño a descubrirlos son los padres.

Hoy en día el deporte está sobrevalorado, y sobre todo por las fortunas que ganan las estrellas en el futbol soccer o americano, en el beisbol, en el tenis. A excepción de las estrellas del rock y del cine, nadie es tan "valioso" e "importante" en el mundo masificado como el deportista que maneja un Lamborghini y es novio de una *top model*.

¿Tu hijo quiere ser estrella del futbol o el que quiere eso eres tú? Piénsalo bien, sin engañarte.

Ojo: el ejercicio es indispensable para tener una vida sana; de ahí a ser estrella del Real Madrid o ganar el Tour de Francia hay un abismo.

Ayúdalos a descubrir sus talentos, prueba con ellos, estimúlalos y ábreles puertas. Sus talentos desarrollados los convertirán en mejores personas, los harán más felices.

¿Te salió verdaderamente goleador, biólogo, matemática, pintora, arquitecto, vendedor, director de cine, educadora y es feliz? ¡Felicidades a ti si lo ayudaste *a ser*!

## 6.- Acércalos al arte

Siempre he sostenido –porque está demostrado- que cada niño que nace tiene uno o varios talentos artísticos, por lo que necesita un campo propicio para desarrollarlos que nadie mejor que tú les puede proporcionar.

El arte ayuda a los niños a estimular su sensibilidad, su curiosidad, su creatividad en todos los órdenes

Está comprobado que en la medida en que los niños tengan contacto, por ejemplo, con la buena música a edad temprana su nivel de aprendizaje es mayor. (Me refiero a la música que va desde Mozart a Keith Jarret, de Louis Armstrong a Winton Marsalis).

El acercamiento a las bellas artes los marcará como mejores personas. Los niños tienen que acercarse al conocimiento con una buena dosis de juego.

El arte es la herramienta perfecta para compartir ideas y aprender nuevas maneras de hacer cosas para otros. El arte estimula el pensamiento abstracto. Al ver abstracciones creadas por color, líneas, y el uso del espacio, los niños adquieren el sentido para resolver problemas espaciales y otros que encontrarán en el lenguaje.

Acércalos al arte sin estereotipos. No los quieras volver "cultos", mejor ayúdalos a que disfruten el arte.

Las mamás se empeñan en llevar a sus hijas pequeñas al ballet, no sé por qué, es como una moda casi permanente, un asunto de status, y en mucho es porque no saben qué hacer con ellas en las tardes fuera de la escuela; o las llevan a la gimnasia. ¡Y a la mejor la niña quisiera escribir, ser pintora, tocar el piano!

Y de pronto ahí ves a la pobre gordita haciendo esfuerzos con la falsa ilusión de ella, alimentada también por su madre, de que puede ser bailarina, cuando no tiene la estructura ósea ni la coordinación requerida... ¡cuando podría ser una gran cantante!

**7.- Aprende a aceptarlos como son.**

Celébrales sus éxitos. Consuélalos en sus pequeñas derrotas.

Nadie mejor que tú para reafirmarles su confianza en ellos mismos ante un éxito. Y nadie mejor que tú para no engañarlos ante un pequeño fracaso. ¿Algo le Salió mal? No le digas que no importa, mejor ayúdalo a analizar por qué no salió como él quería y vean las opciones y las necesidades para futuro. No lo consueles engañándolo; consuélalo haciéndole ver sus talentos y lo que requiere hacer mejor para obtener lo que desea.

Y si ves que hizo su mayor esfuerzo, entonces reconócelo, ayúdalo a no rendirse, a que tenga la certeza de que habrá otra oportunidad. Dale confianza.

No te frustres tú porque le transmitirás la frustración. Acepta a tus hijos como son. No los compares ni para bien ni para mal con los otros niños, tampoco con sus hermanos, no generes rivalidades entre ellos.

No seas de los papás que quieren que sus hijos saquen las mejores calificaciones. Ese es un mito del éxito. Sí, tienen que ser responsables, pero también vitales, traviesos, creativos, tienen que mantener la diversión por la vida.

Si tu hijo naturalmente es el mejor de la clase, muy bien, y si no lo es, no lo atosigues. Mejor observa su comportamiento, su goce de vivir, su capacidad de relación, su curiosidad… o sus tristezas, su aislamiento, averigua, con prudencia, qué le sucede.

Yo creo que hay unas escuelas peores que otras, mejores no hay. Y acepto que puedo equivocarme… no mucho.

## 8.- Así como los dejas reír déjalos llorar.

Es común que les digamos a los pequeños "Ya no llores". Sabemos que están sufriendo y su dolor es nuestro; dejemos que lloren. Aunque en ocasiones queremos que dejen de llorar porque nos duele demasiado que lo hagan, por eso queremos que se callen. No me refiero a ese llanto desesperado de un bebe que pide a gritos comida o que tiene un cólico, sería una crueldad dejarlo llorar. Me refiero al llanto producto de un sentimiento de abandono o pérdida, a un golpe fuerte, a un abuso –quizá de ti mismo sin querer.

Dejemos que lloren, que aprendan a conocer el poder curativo de las lágrimas porque cuando crezcan y no estemos ahí la mayoría de las veces, lo van a necesitar. Tú sabes que a la larga las lágrimas acaban siendo consuelo.

**9.- Enséñalos a ser solidarios con los demás.**

No confundamos solidaridad con caridad. Tenemos la tendencia a decirles a nuestros hijos que valoren lo que tienen porque hay muchos pobres en el mundo, a inculcarles un cierto grado de caridad – una limosna que tranquiliza la conciencia-; discúlpenme: eso apenas tiene una pizca de solidaridad con el otro, que ayuda más a quien la da que a quien la recibe.

Y tampoco se trata de volver *redentores* a nuestros hijos.

¿Qué pretendo transmitir? La solidaridad implica interés y compromiso; implica clara conciencia de los problemas del mundo y por ende de las personas.

La solidaridad es utilizar el talento propio para con él ser capaz de aportar algo al otro, de apoyarlo en su camino, de abrirle un nuevo horizonte.

La solidaridad es tener la conciencia de que no sólo importa nuestra realidad individual y familiar sino también la de los demás para intentar permanentemente tener un mundo mejor en beneficio de todos.

Un ingeniero que dedica su talento y su esfuerzo a diseñar métodos para recolectar y ahorrar agua está siendo solidario.

Una maestra de clase media que decide irse a trabajar a una escuela rural y es feliz haciéndolo está siendo solidaria.

Un jefe que organiza el trabajo de tal forma que sus empleados salgan puntuales del trabajo a fin de tener mayor y mejor tiempo familiar, está siendo solidario.

El que a las calladas ayuda –con trabajo, con imaginación- a una fundación para niños con cáncer, está siendo solidario.

La solidaridad se origina  en la conciencia y la comprensión, y se orienta y fortalece con el talento propio adecuadamente aplicado.

Y partamos de esto: antes de ayudar a los demás hay que estar bien con uno mismo, de lo contrario el esfuerzo no rendirá los frutos suficientes. Invirtamos la ecuación: Porque estoy bien conmigo puedo solidarizarme con los demás.

Enseñemos eso a nuestros hijos.

**10.- Transmíteles tu fe, tu optimismo, no tus miedos: ya bastante tendrán con los propios.**

A menudo nuestros hijos se nos acercan y nos dicen que quieren dedicarse a tal o cual actividad, y generalmente reaccionamos a ello con nuestros miedos, inmediatamente pretendemos hacerles ver los problemas que para alcanzar el "éxito" tiene tal actividad o profesión.

No, estimulemos su vocación, démosles confianza, hagámosles ver los esfuerzos que van a tener que hacer, para estimular su fortaleza, su determinación, su voluntad.

No les transmitamos una visión pesimista del mundo. No les transmitamos nuestros miedos: lo que nos sucedió a nosotros de "malo" no tiene por qué sucederle  a ellos. Nuestras inseguridades no tienen por qué ser las de ellos. De verdad no hay por qué.

Si tú tienes una visión pesimista, guárdatela. Una visión pesimista genera más pesimismo, desaliento, desánimo. Optimismo no significa cerrar los ojos ante los problemas del mundo, no, significa tener conciencia y certeza de que a ti te va a ir mejor y vas a contribuir a aportar algo para la solución de tales problemas.

Optimismo es tener conciencia del gozo de vivir e intentar a toda costa, de manera sana, mantener ese gozo y expandirlo a los otros.

Y si acaso te sucedió y eres capaz de reconocerlo, cuéntales cuando quisiste y no te atreviste, cuando soñaste y renunciaste por miedo. Eso sí los enseñará a que no les suceda lo mismo. No intentes siempre ser héroe, no intentes siempre ser ejemplo positivo, no intentes que sean como tú. Ellos son otros seres humanos y su vida no es la tuya ni tiene por qué serlo.

## PARA LA ENFERMEDAD

*Dios (...) haz que mis enfermos tengan confianza en mí y en mi arte y que sigan mis consejos y prescripciones. Aleja de sus lechos a los charlatanes, al ejército de parientes con sus mil consejos y a los vigilantes que siempre lo saben todo (...) Dame la fuerza, la voluntad y la oportunidad de ampliar cada vez más mis conocimientos, a fin de que pueda procurar mayores beneficios a quienes sufren, Amén*

**Invocación de**

**Moisés Ben-Maimónides**

Nuestra conducta ante la enfermedad y ante los enfermos es histórica, antiquísima, y también varía según las culturas, sin embargo hay coincidencias más o menos generalizadas que nos deberían hacer reflexionar sobre si realmente son las más adecuadas.

En el entendido de que me refiero a enfermedades importantes, no a un simple catarro o a unas anginas bajo cuidado, es que propongo las siguientes reflexiones y sugerencias.

El enfermo asume de inmediato una plena y total condición de enfermo que implica la atención de los demás. Quienes están a su alrededor asumen de inmediato una actitud servicial y de conmiseración, en muchos casos sobreprotectora. Y se retroalimentan. El enfermo puede volverse un tirano y sus allegados sus súbditos, extraños súbditos pues tienen en su mirada y en sus palabras un dejo de lástima, pero súbditos al fin. El enfermo es un excelente pretexto para que las personas a su alrededor demuestren, aunque sea por un rato, su valiosa caridad cristiana o lo semejante en otra religión; el enfermo tiene la oportunidad de mostrarse como víctima de la vida, como un ser sufriente que necesita la atención de los demás, qué digo atención: necesita ser el centro de atención, pues sólo así encontrará compensación.

Creo sinceramente que hay cosas que podemos cambiar para mejorar.

## 1.- Ocúpate.

Que la enfermedad o la convalecencia no te paralicen. La vida sigue mientras estás vivo y tú también tienes que nutrirla. No permitas que los días se te vayan viviendo sólo tu enfermedad; si estás vivo significa que continuas teniendo una vida. Acorde a tus posibilidades búscate algo que hacer: dibujar, pintar, escribir, leer mucho, armar rompecabezas, resolver crucigramas, adentrarte en otro tipo de música, sobre todo clásica (Vivaldi, Mozart, Heandel son excelentes para estas situaciones). ¡Haz algo productivo para ti mismo. ¡No te encierres en tu enfermedad! ¡No permitas que los otros te encierren en tu enfermedad!

## 2.- Ni sobreprotejas ni permitas que te sobreprotejan.

Si no eres realmente un inválido ponle freno al "apoyo" de los demás. Ese apoyo que sé puede estar lleno de amor también te puede hacer daño. La lástima, el exceso de compasión, la conmiseración no ayudan a ningún enfermo. Ni lo practiques ni permitas que lo hagan contigo si es el caso.

Un enfermo es una persona absolutamente normal que tiene una enfermedad, eso es todo. Las conductas sobreprotectoras sólo refuerzan el poder de la enfermedad en el enfermo, le están machacando todo el tiempo que está enfermo, y eso no lo ayuda a mejorar. Una cosa son los cuidados normales recomendados por el médico y otra es tratar a los enfermos como niños: "¿quieres esto...? ¿Te doy aquello...? ¿Quieres que te ayude...? ¡No te esfuerces...! Etc.etc.

Por favor, jamás le digas a un enfermo "Pobrecito". No, eso es humillarlo, creer que es inferior. Y si tú eres el enfermo no permitas que te "pobreteen".

No permitas nada que refuerce tu condición de enfermo, al contrario.

**3.- Transmite fortaleza.**

No se trata de dar ánimos sin ton ni son. Mostrar un verdadero respeto por el enfermo es la mejor forma de transmitirle fortaleza.

Si estás con un enfermo, tu conducta debe transmitirle confianza. Debes tratarlo con toda normalidad. Estás para hacer compañía, platicar, hacer reír, no para mostrar tu pena y tu compungimiento, es erróneo creer que eso es solidaridad. Ningún enfermo necesita que lo vean con ojos de tristeza o de pena, es lo que menos necesita, ni que lo traten como a un niño incapaz.

Transmítele que para ti nada ha cambiado, porque de hecho la esencia de la persona, aunque esté enferma, no ha cambiado; transmítele que estás hablando con la misma persona de siempre. Transmítele salud. No intentes que te hable de su enfermedad, no saques la conversación; ¿qué quieres saber? ¿eres doctor, eres su doctor? No, así que lo que esa persona necesita es precisamente distracción, ánimo, pensar en otra cosa, incluso haz bromas sobre la enfermedad, no le transmitas miedo ni solemnidad.

**4.- Evita hablar constantemente de tu enfermedad.**

Las personas que nos rodean, principalmente los amigos, son muy imprudentes y creen que estarte preguntando "¿cómo vas? ¿Qué te dijo el doctor? ¿Qué salió en los análisis? etc.etc." es mostrar interés. Para colmo no falta el que te habla de sus propias enfermedades –cree que así es solidario, que así demuestra que te comprende-, o de los resultados de otras ajenas. Compréndelo, ni modo, así son, es lo que hemos visto toda la vida. Ni modo, tú tendrás que cambiar la conversación o decirles claramente que no quieres hablar de eso, y si lo entienden bien y si no también.

No es sano para ti estar hablando de tu enfermedad, le dedicas la energía que requieres para curarte; te estás reforzando tu enfermedad todo el tiempo, le estás diciendo a tu cuerpo una y otra vez que estás enfermo. Tu cuerpo ya lo sabe, no se lo repitas, mejor intenta por lo menos romperle el esquema, sacarlo de balance; en la medida de lo posible haz que al menos tu pensamiento, aunque sea por ratos, no esté pendiente de tu enfermedad, haz que se le olvide. Procura que pensar, razonar, soñar e imaginar que no tienes ninguna enfermedad.

Te garantizo que con estarle hablando a la gente todo el tiempo de tu enfermedad no te vas a curar antes.

**5.- Protégete de los beneficios secundarios.**

La sicología transpersonal señala que es común que todas las personas con alguna patología obtienen beneficios secundarios de ella debido al comportamiento y las reacciones que obtienen de los demás. Estos beneficios secundarios por lo general no son buenos puesto que operan en nuestro inconsciente y nos hacen mantener comportamientos para generar en los demás cierta conducta hacia nosotros que creemos nos hace bien. Simple y llanamente aprendemos a manipularlos con nuestra enfermedad. Te pondré un ejemplo muy, muy básico: un niño recibe un trato absolutamente normal de sus padres, quizá hasta seco; de pronto se enferma y la mamá o el papá se desviven en atenderlo, lo besan, lo acarician, lo consienten, le compran juguetes. El niño sana y todo vuelve a la normalidad, con el paso del tiempo el niño se enfermará más seguido y sus enfermedades durarán más tiempo por los beneficios secundarios que obtiene: "vale la pena enfermarse a cambio del trato que recibe".

Por ejemplo, si eres adulto, los demás aceptarán tus caprichos o impertinencias, porque estás enfermo; aceptarán tus exigencias… porque estás enfermo… aceptarán tu creciente dependencia … porque estás enfermo… etcétera. Y eso acabará por hacerle daño a todos: a ti y a los demás.

## 6.- Hazte un entorno agradable.

Si muestras voluntad y alegría de vivir –a fin de cuentas no estás muerto- aunque estés enfermo puedes contribuir a tener un entorno más agradable y de mayor apoyo, en especial con tu familia.

Es cierto que sus emociones o sus reacciones ante tu enfermedad no son responsabilidad tuya, tú ya bastante tienes con el problema, aun así, lo que hagas por ti puede generar una inercia en los demás que te retroalimente.

Si te ocupas, como decíamos en el mandamiento primero, esa ocupación te causará entusiasmo, alegría, te dará fortaleza y tu círculo más cercano lo percibirá. Ellos se interesarán por lo que haces y te estimularán para continuar. Pasarán de una actitud contemplativa de la enfermedad a una actitud estimulante del enfermo. Si tú te sientes bien anímicamente, ellos tendrán que hacer lo mismo, por lógica. No faltará el que se preocupe de más y dude del bien que te esté haciendo tu nueva ocupación; eso no te debe importar: oídos sordos. Recuerda que también hay personas que requieren de la debilidad ajena para ellos expresar su "bondad" o "generosidad". ¿Si tú estás bien, qué les dejas, qué harán con sus sentimientos "compasivos?

Sin embargo, en general el supuesto beneficio de esa conducta será negativamente compartido.

En la enfermedad con mayor razón tienes que amarte a ti mismo. Necesitas una doble dosis de amor, y el mejor amor es el que tú te puedas dar, luego vendrá el que te den los otros con respeto.

## 7.- Lucha contra la enfermedad.

Está ya comprobado que en todas las enfermedades un componente importante para la curación es la voluntad del enfermo, del paciente. Cuando escuchamos –como nos gusta hacerlo en el chismorreo público- que la gran estrella o la gran figura pública "está dando

la batalla contra…" no es sólo que acate todas las instrucciones médicas, es también su actitud de coraje y determinación para vencer a la enfermedad. La mayoría lo han logrado, otros al menos han prolongado su tiempo de vida contra todas las expectativas.

Nuestra mente es poderosa y está llena de recursos que ni imaginamos. Recuerda que sólo utilizamos, en promedio, el 12 por ciento de la capacidad de nuestro cerebro. ¿Te puedes imaginar todo lo que hay en ese otro 88 por ciento? Por alguna razón lo tenemos, con todas sus posibilidades. Aférrate a tu voluntad y a tu determinación, confía en tus fuerzas, siente tu voluntad en todo tu cuerpo, procura mantener dentro de ti la certeza de que vas a vencer tu enfermedad.

Y guarda el secreto de tu lucha, no compartas con nadie lo que piensas y sientes, no sueltes esa energía.

**8.- Haz por tu propia mano y por tu propio pie todo lo que puedas.**

No te dejes llevar por la comodidad de que te atiendan, eso es atrofiante, puede afectar tu personalidad o acentuar tus rasgos dominantes y autoritarios. Si no es necesario –todos sabemos que hay que enfermedades que lo ameritan- no te quedes en la cama todo el día como un molusco en la playa. Tú sírvete el agua, ve solo al baño, procura bañarte y vestirte tu mismo. Y si tienes que estar forzosamente en la cama con movimientos mínimos, en fin, tú sabrás, por lo menos lee, no sólo veas televisión todo el día (te vas a poner peor). Y el techo tiene un límite para lo que pueda decirte o hacerte reflexionar.

**9.- Que los doctores te expliquen.**

No confíes ciegamente en los doctores, pregúntales todo, que te expliquen bien tu enfermedad, sus síntomas, sus ramificaciones o posibles consecuencias, todo, en un lenguaje comprensible. Tienes derecho y obligación de saber lo más que puedas: es tu enfermedad, tu cuerpo, tu espíritu. ¿Qué hace tal medicina, por qué? ¿Para qué es tal estudio, qué quieren ver, por qué? La cantidad de preguntas es grande, hazlas sin pena ni miedo. Saber te ayudará a comprender y a luchar.

## 10.- Sigue tus instintos.

En la enfermedad también nos habla nuestro corazón, nuestra voz interior: hazle caso, préstale atención. Todo el mundo te va a sugerir doctores, todos te van a contar casos semejantes, curaciones, te van a dar remedios, recetas, todos saben, todos opinan: tú escucha tu voz interior.

Si un día hay un mínimo detalle del doctor que no te gusta, por algo será; quizá debas atreverte a ver a otro. La plena confianza en el médico es fundamental para la curación, pero no puedes dar un cheque en blanco.

Así como te digo que ante la avalancha de opiniones y sugerencias tú escuches sólo tu voz interior, también escúchala si entre todas esas de pronto te dice "oye, quizá eso que te sugiere fulano no estaría mal, inténtalo".

En la enfermedad, como en toda tu vida, las decisiones son tuyas, de nadie más.

## PARA EL TRABAJO

En el mundo occidental religioso, el Capítulo 3 del Génesis en la Biblia determina el destino del hombre en la Tierra. Jehová que paseaba tan tranquilo en su jardín (el Edén) disfrutando su creación, monta en cólera cuando descubre que Adán se ha vestido, ha descubierto el bien y el mal, y desprovisto todavía de todo amor de pareja, temeroso, sin miramientos le echa la culpa a Eva. A partir de ahí, al parecer lo peor de todo, el hombre tendrá que trabajar. (Las mujeres nunca se han quejado de parir con dolor y ninguno lo ha hecho por tener que andar vestido, al contrario). La verdad, de no ser por el enojo de Yahvé, todo lo demás es positivo: el ser humano se vuelve dueño de su destino, adquiere libre albedrío y debe luchar por lo que quiere. Por favor, eso de "con el sudor de tu rostro comerás el pan hasta que vuelvas a la tierra", pues es, como todo lo demás, una metáfora: se puede sudar y ser feliz al mismo tiempo. Yo creo que Yahvé actuó con malicia y picardía y luego se rió a solas del susto y la prueba (eterna) que les había puesto a sus criaturitas: El ya sabía lo que iba a suceder.

A lo largo de mi vida he encontrado mucha gente, mucha, que es muy feliz (supuestamente) cuando no tiene que ir a trabajar, los días festivos entre semana les parecen un regalo celestial, los "días económicos" son un maravilloso derecho sindical; en los días normales de trabajo llegan en la mañana y ya están pensando en irse; el día se les hace largo, quisieran que las horas —es decir sus vidas, sí, sus vidas-, pasaran más rápido para poder irse. Qué pena, qué tristeza.

(Que quede claro por si hace falta: me refiero a los trabajos normales, no a las modernas esclavitudes, que bien sabemos que las hay).

Mucha gente parece no comprender, o no querer hacerlo, que el trabajo es dignificador, puede estar lleno de satisfacciones (que uno debe buscar), y que es hermoso levantarse por las mañanas y saberse útil para sí mismo y para los demás.

En el mundo hay muchos jubilados que se derrumban cuando ya no tienen que ir a trabajar. No pienses sólo en los jubilados en Los Cabos o en Miami, esos son una pequeñísima minoría... y muchos extrañan su trabajo. Quien ama su trabajo lo va a extrañar cuando ya no lo tenga, es posible incluso que al ya no tenerlo comprenda mejor cuán importante era para él.

## 1.- Jamás trabajes en lo que no quieres.

Por principio tenemos que creer que el trabajo, aunque sea con el sudor de tu frente, te tiene que dar placer, alegría, satisfacción, fortaleza espiritual.

No elijas un trabajo sólo por la remuneración económica –que es importante- porque a veces hay panes, ahí sí, muy amargos, y el sueldo te puede salir caro emocionalmente.

El trabajo tiene que contribuir a hacerte feliz, a hacerte mejor persona.

No te dejes envolver por argumentos externos. Sé conciente de ti mismo. Si te "sacrificas" serás infeliz y tarde o temprano, de una manera u otra, se lo "cobrarás" o lo echarás en cara a aquellos por los que aceptaste ese trabajo, lo que, desde luego, no es sano ni justo. Si aceptaste algo que no te satisface ni te agrada no culpes a nadie de tus decisiones, ni a tus padres, ni a tu esposa o esposo, ni a tus hijos: tú decidiste.

Trabajar en algo que no te guste será siempre un suplicio, no encontrarás satisfacción ni en el cheque; te volverás amargo, irritable, infeliz.

## 2.- Piensa en ti antes que en el trabajo.

Cuando vayas a buscar trabajo piensa seriamente en cómo y con qué vas a ser feliz. Qué quieres, con qué tipo de personas te gustaría trabajar, qué deseas aprender, qué deseas enseñar.

Todo el mundo lo primero que pregunta es cuál es el horario y cuál es el sueldo y las prestaciones, como si fuera lo único que hace valioso o respetable un trabajo.

Cuando aceptes un trabajo que te gusta, agradece, sí, y además ten muy claro que si no sirvieras para él, si no fueras útil a quien te lo da, no te lo darían. Valórate.

## 3.- El trabajo es un medio, no un fin.

Si el resto de tu vida no te satisface el trabajo sólo te va a distraer, no va a solucionar el problema de fondo. Levantarse e irse a trabajar, salir del trabajo y acostarse no es vida.

Así como otros pusilánimes que quieren todo gratis sólo piensan en no ir a trabajar , tú estás igual de mal si sólo piensas en ir a trabajar y si los días de descanso te desagradan.

Ten presente que el trabajo es un medio, importante, sí, pero un medio no un fin en sí mismo. Tu vida debe nutrirse de otros alimentos: amor, diversión, amigos, descanso, deporte, disfrute del arte, en fin. Si el trabajo se interpone a todo eso, quiere decir que algo anda bastante mal en tu interior y en tu forma de relacionarte con el mundo. Analiza en tu interior qué está sucediendo, quizá, sin darte cuenta, estás huyendo de algo o de alguien.

## 4.- El trabajo no satisface todas las necesidades básicas.

Yo soy un gran defensor del trabajo (sobre todo cuando me he quedado sin él); también he dicho que el trabajo no es todo en la vida aun siendo muy importante. En el mundo práctico las necesidades básicas son casa, comida y sustento, pero hay otras más grandes, por así decirlo, que tienes el derecho de satisfacer plenamente. Las necesidades básicas del espíritu son felicidad y amor, tranquilidad contigo mismo, alegría de vivir. El trabajo te tiene que ayudar a satisfacer esas necesidades. Si el trabajo te quita felicidad, si no te da alegría, si le roba tranquilidad a tu espíritu, si te distrae de dar y recibir amor, ese trabajo te está destruyendo.

## 5.- El trabajo debe ser realización y expansión.

El trabajo debe servir para alimentarte el espíritu, la alegría de darte a ti y a los demás.

En el trabajo deberás encontrar la mejor forma de ser tu mismo, de explayar tu creatividad. No te apoltrones, evita la rutina. No te desganes ante el esfuerzo. No veas al trabajo como una maldición bíblica.

El trabajo tiene que hacernos mejores personas en todos los sentidos. El trabajo debe ser un gozo.

Y por otra parte, no aceptes malos tratos de ningún jefe o jefa por ningún motivo. Nadie tiene por qué humillarte en el trabajo, no lo permitas. La única persona que puede velar por su dignidad como ser humano eres tú. Una cosa es que te llamen la atención, que te hagan ver un error, y otra muy distinta que te humillen, que te vapuleen; si eso sucede, los que están mal son ellos, no tú; ah, si te dejas, ellos habrán encontrado una persona más para sacar a flote y desahogar sus frustraciones, sus problemas.

## 6.- Trabaja con alegría. Aporta algo a tu trabajo

En el trabajo como en todo hay días malos y buenos, de ti depende que los malos se vuelvan peores, regulares o incluso buenos, sí, aunque ahorita no lo creas.

En buena medida lo que te suceda en el trabajo será generado por ti, no hay vuelta de hoja. Si te generas mal ambiente, lo tendrás; si todos los días te aburres, cada día será peor; si te refugias en la rutina, te volverás como molusco.

Ya sé, todos sabemos, que ningún trabajo es ideal o perfecto. Y todos podemos hacerlo mejor o volverlo mucho peor de lo que en realidad sea.

Ponle buen humor, sé amable. Intenta mejorar algún proceso, algún método.

Ocúpate de aprender más sobre aquello de lo que se ocupa la oficina, el despacho, el consultorio en el que trabajas, no importa cuál sea tu profesión o tu oficio. Si eres contador y trabajas para abogados, interésate en las leyes civiles y penales; si eres secretaria de un siquiatra lee libros sobre el tema (hay muchos buenos, serios e interesantes para no especialistas). Las posibilidades son muchas.

## 7.- Deja el trabajo que no te guste.

Si no te gusta lo que haces piensa por qué. Nadie más que tú es responsable del disgusto: ni tu jefe, ni tu familia.

No, no por que seas flojo, sino porque realmente no te gusta.

No pienses en el futuro para frenarte. Piensa en lo que debes hacer para mejorar de inmediato tu situación, no tengas miedo.

No te resignes; siempre puede haber nuevas oportunidades, una de ellas puede ser incluso que cambies por completo de actividad si encuentras otra que te puede hacer realmente feliz, y quizá ni la habían contemplado. Eso sí, vas a necesitar vencer el miedo a lo nuevo, vencer el miedo a recorrer un camino diferente, sobre todo porque nos acostumbramos a los caminos ya andados, lo cual le resta muchas posibilidades hermosas a la vida.

Sí, puedes ir por lo seguro y quizá te estás perdiendo de lo mejor. Soy realista, aunque no lo creas, y por eso te lo digo.

## 8.- Aléjate de los chismes y los quejosos.

Evita sumarte a los chismes, a las intrigas, a las murmuraciones, a los corrillos, todo eso nunca deja nada bueno, sólo genera mal ambiente, frustración, desazón, mentiras y daño a otras personas y a ti mismo. ¿De verdad alguien se siente bien hablando mal de los demás?

Ten presente siempre que en el trabajo también hay alguien que te critica o habla mal de ti, esa gente no falta: no tienes que ser igual a ellos.

Si en algún descanso te vas a unir a un grupo, que sea donde están contando chistes, no donde están hablando mal de alguien.

Salte de ese juego, no pierdas el tiempo.

Ocúpate, sólo así tu trabajo te gustará y será interesante. Sólo así aprenderás más, querrás hacerlo.

Ocúpate por gusto, no sólo por obligación o deber.

**9.- Conoce a los que te rodean.**

Puedes tener la fortuna de hacerte de excelentes amigos en el trabajo. Un día pasas de la plática superficial a interesarte por el otro, por sus gustos, por la familia, por los problemas, empiezan a convivir fuera del trabajo. Así se hacen amigos y mejores compañeros de trabajo.

Tampoco te engañes. Puedes tener, en apariencia, excelentes relaciones con una o varias personas, pero el día que alguna de ellas o tú se cambia de trabajo, la relación se termina. Ni la otra ni tú hicieron lo suficiente para cimentar la verdadera a mistad; en el fondo sólo los unían cuestiones de trabajo salpicadas de detalles personales.

Es preferible que la confianza o la identificación mutuas no surjan de la queja. Una lengua quejumbrosa siempre está buscando con quién quejarse; no dejes que te encuentre; es muy fácil contagiarse o dejarse llevar por la queja del otro. Se hace un círculo vicioso en donde todos terminan compadeciéndose y fortaleciendo las quejas de todos. El mundo de los quejosos se multiplica a velocidades inimaginables, y generalmente la santa cofradía de los quejosos está compuesta por los miembros de la santa cofradía de los mediocres.

**10.- Asume tus responsabilidades. No culpes a otros de tus errores.**

No seas como Adán que le echó la culpa a Eva. El cometió el error de comer la manzana. ¿Qué ella lo tentó? ¡Y él para qué se dejó!

Tus errores son tuyos. No te justifiques, es inútil. Tú lo sabes mejor que nadie.

No hay error que no se pueda enmendar, así que no trates de limpiarte culpando a otro, sea jefe o compañero o un tercero ajeno. Sólo si lo asumes como error tuyo podrás enmendarlo, aprender y evitarlo en lo sucesivo.

## PARA EL SEXO

(El sexo es breve y su decálogo muy claro)

El sexo es una necesidad orgánica y emocional. Nuestro cuerpo está diseñado para tener relaciones sexuales. El sexo es absolutamente natural. Su represión es contra natura, y en muchos ámbitos políticos y religiosos a lo largo de la historia se le ha reprimido como una forma de control, se le ha hecho ver como algo sucio. ¿Entonces por qué Dios lo habrá creado, deberíamos preguntarle a los religiosos?

Verlo con absoluta naturalidad no implica verlo con frivolidad. No se debe mitificar represivamente y tampoco libertinamente, pero sí estar conciente de su poder físico y emocional. Como todo, derrocharlo es pervertirlo, es banalizarlo. Reprimirlo es autodestruirse.

Hoy en el mundo occidental, y en algunas partes del oriental también, vivimos un entronizamiento del sexo como amo y señor. Nos hemos ido al otro extremo. Gran parte de la publicidad está cargada de sexo, así se anuncien chiclets o toallas sanitarias, bebidas alimentos, muchas de ellas las porquerías más tóxicas que pueda haber para un supuesto cuerpo sano y "en forma"; no se diga si de ropa se trata.

Una alta carga de erotismo recorre al mundo, penetra por todos los ojos y se aloja en todos los cuerpos. La gente quiere sexo. La pulsión erótica vive exaltada.

Además se promueven cuerpos maravillosos /(en muchos casos "prefabricados"). Los gimnasios están repletos de hombres y mujeres que someten a sus cuerpos a esfuerzos que sobrepasan con mucho las supuestas necesidades de salud. La publicidad y la mercadotec- nia nos hacen creer que todos podemos ser como *esas* mujeres o *esos* hombres tan abiertos, sensuales, eróticos, desinhibidos y que están al alcance de la mano. ¿Cómo es posible no tener sexo diario habiendo tanta oferta? Podrán preguntarse los mortales comunes. Es difícil escapar del cuento, aunque tenga algo de cierto. El problema es que si en una vida cotidiana, normal, común y corriente el sexo no se vive así puede acarrear mucha frustración, enojo, sufrimiento y violentar.

Hoy, como nunca antes, el hermoso cuadro erótico de Gustave Coubert "El origen del mundo", un gran acercamiento a un vientre con su vagina más que una obra maestra es un símbolo de los sentimientos y deseos de la humanidad masculina, pero también un símbolo de lo que el erotismo femenino desea mostrar. Las mujeres desean verse sexys, ser deseadas, que el hombre no piense que tal o cual es reprimida; el femeninos y la libertad las ha llevado en muchos casos a que ellas se han las audaces, las que tomen la iniciativa, más que esperar que les pidan su cuerpo, ellas lo ofrece, ¿Lo juzgo? El tono podría parecerlo por el contraste con lo que sucedía unas décadas atrás, pero no: ellas tienen todo el derecho a hacer con su cuerpo lo que les plazca, y así como durante siglos fueron intimidadas por lo shombres –en muchos aspectos todavía pueden serlo- ellas también pueden intimidarlos ahora. No falta el supuesto playboy que se ve intimidado por una mujer que le salió más fuerte y más decidida.

El meollo del asunto es ¿por qué? ¿para qué?

**1.- Reconoce tus deseos sexuales y procurar vivirlos a tu ritmo,** a tu tiempo, en tu realidad, sin fantasear con mundos creados por la publicidad o el mercado

**2.- Enséñalo a tus hijos, tú eres la mejor persona para hacerles ver lo maravilloso e importante que es.**

No le temas a que tus hijos sepan de sexo, tenle temor a la forma en que lo adquieran y a lo que interpreten. Tú puedes y debes ser su mejor guía. ¡Vaya manera de degradar una vagina, la puerta a la vida, o como la llamó el pintor francés Gustave Coubert en su hermoso cuadro de 1866, pletórico de erotismo, ni más ni menos.

**3.- La promiscuidad no deja nada bueno.**

Sin moralina alguna, es importante que tengas en cuenta que andar de cama en cama, de rincón en rincón, no deja nada bueno. El placer se diluye, se vuelve banal, va creando un vacío que cada vez se hace más profundo.

Practicar el sexo requiere madurez y conciencia, es un profundo cambio de energía entre dos personas, quizá el más profundo que hay, el más intenso. El uno absorbe la del otro. No en balde hasta la mayoría de los mamíferos lo practica con prudencia, con parejas específicas y son raras las especies promiscuas. Es nuestra energía más grande e importante la que entra en juego y no podemos "regalarla" a otra energía que ni siquiera conocemos bien a bien; no debiéramos intercambiarla constantemente por el mero impulso carnal, e insisto: todo esto sin moralina alguna.

Es tal la fuerza emocional del sexo que tratarlo con frivolidad, no tenerle respeto, darle rienda suelta a la promiscuidad acaban por dejar un vacío emocional en las personas; el sexo se vuelve frío y mecánico.

Libertad no es sinónimo de banalidad.

## 4.- Si no quieres, no lo hagas.

Esto sobre todo aplica para las mujeres. Muchas veces, para evitar un enojo, una pelea, a veces hasta por cierta lástima, acceden a hacer el amor (o cosas parecidas) con su pareja. Es una mala experiencia. Ella engaña. El obtiene satisfacción, aunque poco o nada de amor en esos momentos.

Por otra parte, puede ser un juego peligroso. Si ambos están en la tesitura de hacerlo por el mero placer, sin mayor compromiso, adelante; si alguno percibe en el otro sentimientos de distinta naturaleza, hay que ser cauteloso.

La otra persona puede desear sexo contigo por verdadero amor, y si tú no sientes ese amor, es mejor negarte pues de lo contrario crearás en el otro falsas expectativas, ilusiones vanas. Si no lo amas por lo menos respétalo.

Nadie, hombre o mujer, tiene que demostrar nada con el sexo, aunque ahora también se utilice para presumir, para demostrar que se es más que los demás.

En la actualidad no podemos negar que los adolecentes sientan enormes deseos sexuales –siempre ha sido así-, pero si cada vez empiezan más temprano sus relaciones sexuales, con enormes riesgos tanto físicos como emocionales, es también por la pulsión erótica que los rodea, por el afán de copiar, de demostrar, de no ser menos o de ser más, de decirse "yo también puedo" o "yo no me quedo atrás". Y la mayoría de las veces ni siquiera saben en lo que se meten.

## 5.- Disfrútalo.

Olvídate de remilgos y pudores. Si amas a tu pareja ¡diviértanse con el sexo! Sean audaces, provóquense, jueguen, sedúzcanse. El amor les debe dar la suficiente confianza para hacer todo lo que quieran.

Prolóngalo lo más que puedas. El coito es breve; lo verdaderamente largo es todo lo que hay previo, toda la seducción y la cachondería que prepara el momento culminante que debe ser cuando ya los dos están derrotados por la ansiedad, cuando en hacer el coito ya casi va de por medio la vida.

## 6.- El sexo con amor es, además, un gozo espiritual.

Manifestar deseo erótico y sexual por la persona amada es también una forma de expresar amor; aceptar la expresión con alegría es una forma de dar amor.

Todo aquel que se ha enamorado sabe que no hay nada más hermoso que el sexo con amor. Es un momento de aislamiento total de la pareja, el mundo exterior desaparece por completo; el tacto, las miradas, los besos se vuelven el lenguaje de la comunicación. El placer deja de ser sólo físico para tornarse también espiritual, emocional. La comunicación es plena.

## 7.- Respeta y comprende las bajas de la libido.

La libido es deseo sexual, energía síquica, fisiológica y emocional en el sexo, es un impulso vital que, a veces, disminuye.

Esto aplica tanto para hombres como para mujeres. Puede haber periodos en los que por más amor que se tenga no hay deseo sexual y esto puede deberse a múltiples factores. Si se prolonga hay que dialogarlo o buscar ayuda de un especialista, o incluso se pueden tomar medicamentos naturales de una alta efectividad. Eso sí: nada de presiones de uno a otro pues eso sólo empeorará, por angustia, la situación. Lo importante para los involucrados es reconocer la situación e intentar identificar sus causas sin angustiarse, sin tensión, sin ansiedad.

En el caso de las mujeres, el hombre debe entender que su deseo sexual es, en términos generales, menor que el del hombre; la mujer puede pasar periodos más largos sin sexo sin que eso le cause el menor problema.

Esto es cierto a pesar de la promiscuidad actual y de parezca que todo el mundo sólo piensa en sexo; muchas mujeres jóvenes lo hacen con más frecuencia o mantienen otras prácticas sexuales sólo porque "es la onda", por búsqueda de aceptación, por la presión social, etc.

**8.- Huye de la monotonía.**

Nunca hay que olvidar la seducción, ese vuelo del águila alrededor de la presa –por decirlo así–; cada uno en la pareja debe sobrevolar al otro, provocarlo, incitarlo, irlo llevando hasta que el resultado sea inevitable.

La monotonía, en la vida de pareja es nociva en todos los aspectos y especialmente en el sexual. Se requiere imaginación, búsqueda, diversión, juego, saber conocer los tiempos (a veces lentitud, a veces rapidez), las actitudes (a veces ternura, a veces cierta agresividad, afán de posesión) de ahí que sea tan importante el 5° mandamiento.

## 9.- No bases en el sexo la felicidad con tu pareja.

A pesar de su enorme importancia, el sexo dista mucho de ser lo más trascendente en una relación de pareja. La comunicación, el diálogo, la ternura, la solidaridad, la lealtad, el mutuo reconocimiento, el respeto, todo eso que en conjunto conlleva lo que llamamos amor, es lo que habrá de durar.

Si el sexo decae, y la relación de la pareja es sana, puede arreglarse con diálogo, con comprensión, de muchas formas: el amor hace dulce, generosamente su trabajo.

Si la pareja tiene problemas de comunicación, de comprensión, de compromiso, no hay sexo, por más bueno que sea, capaz de salvarla.

## PARA LA COMIDA

Ya hay muchísimos libros que te van a decir qué comer, cuándo, cómo etcétera (que si la dieta de la zona, que la que corresponde a tu tipo sanguíneo, que la del Dr. Tal y la de la Dra. Cual, que si la vegetariana, que si la dieta mediterránea, etcétera) para estar supuestamente sano y delgado. Yo aquí no voy a hablar de eso, no tiene caso, lo que yo te quiero sugerir es que seas feliz comiendo, que disfrutes la comida, que la vuelvas uno de tus placeres (los grandes placeres son muy pocos), que utilices a fondo el sentido del gusto, pues para eso lo tenemos.

Es muy importante satisfacer al cuerpo. Para ser espiritual no hace falta castigar al cuerpo. ¡Si se te antoja, cómetelo! Si crees en el espíritu y el alma, toma en cuenta que están envueltos por el cuerpo y que este cuerpo tiene necesidades que satisfacer y qué mejor que hacerlo de manera placentera. También el cuerpo, no sólo el espíritu, requiere ser atendido, hasta cierto punto venerado. Tú eres cuerpo y espíritu así que mantenlos en equilibrio. Una buena comida, o un buen acto sexual, es al cuerpo lo que 40 minutos de meditación al espíritu, por ponerte un ejemplo.

Así que éntrale, no te inhibas. Y recuerda que disfrutar la comida y saber comer no significa ser gordo o engordar. Los realmente gordos no disfrutan, sólo se atragantan.

### 1.- Aprende a comer de todo y a disfrutarlo todo.

No rechaces un platillo antes de haberlo probado. En la comida como entre las personas las apariencias engañan. Y generalmente las sorpresas son gratas.

Es muy seguro y simple comer siempre lo mismo, pero así uno se pierde de verdaderas delicias. La gastronomía es un mundo siempre por descubrir.

Además las buenas comidas son consentidoras, reconfortantes. De verdad, una buena comida hasta te cambia el ánimo, mejora tu optimismo; es uno de los lados bonitos de la vida.

## 2.- No temas preguntar a los meseros o al capitán.

Si no sabes qué es un platillo o qué ingredientes contiene, no temas preguntar. Hay personas a las que les da pena por el "qué dirán" o los otros comensales o incluso el mesero. Eso es una soberna tontería. Al buen chef le encantan esas preguntas. Además si tú te atreves a preguntar ten la seguridad de que alguno de los otros se sintió aliviado porque ya estaba dispuesto a comerse algo sin saber qué era. Y contra lo que mucha gente pueda pensar, no es de mala educación hacerlo.

## 3.- Haz de la comida uno de tus placeres.

Como dije al principio, el cuerpo necesita sus placeres, si no los necesitara y disfrutara no estaríamos físicamente dotados para ello. Y un placer bien llevado fortalece el espíritu.

## 4.- Los restaurantes más caros no son forzosamente los mejores.

Es raro que así sea. Te cobran otras cosas, incluido el prestigio muchas veces ganado por las apariencias, el ambiente y quizá el servicio, sin embargo en todo el mundo hay lugares maravillosos para comer que resultan muy agradables y sorprendentes.

Cuando vas con otras personas al restaurante "caro o de moda" aunque la comida haya estado mala todos se sienten obligados a elogiarla; en el juego de apariencias creen que sería terrible reconocer que con lo que costó además resultó una tomadura de pelo. Cada quien, a solas, sabrá la verdad. Y si a ti no te gustó no tengas empacho en decirlo... capaz de que hasta liberas a los otros.

No vayas al restaurante "de moda", ve al restaurante que te gusta.

Aprende a descubrir restaurantes; es grato y divertido. Si te gusta comer bien, desarrollas una especie de sexto sentido para saber dónde hacerlo; de pronto vas pasando por un lugar pequeño, agradable y algo te dice que vale la pena comer ahí y como dije, puede ser una espléndida sorpresa.

Si quieres comer bien no vayas a restaurantes de cadenas. No te engañes: no se come bien ni sabroso; quizá el desayuno sea pasable, nada más. Ni en México ni en China.

## 5.- Aprende a tomar y disfrutar el vino.

Una cosa es beber y otra es tomar vino. Esta bebida tan exaltada en la mitología, en la poesía, en la pintura, es excelente; cuando el vino es bueno es todo un deleite y es un excelente compañero de la comida, de la sobremesa, (en este caso al igual que sus parientes el cognac, el armagnac o el brandy); gran compañero de la amistad y del amor.

Puedes escoger entre una gran variedad, entre vinos fuertes y suaves, dulces, secos o semisecos, rosados, claretes; fríos, a temperatura ambiente.

Además de ser un deleite, el vino, en cantidades moderadas, es muy sano.

No comas con refrescos: se te echa a perder el sabor de la comida, te sientes lleno, y luego no tienes espacio en el estómago para la comida.

Aprende a beber vino, poco a poco, aprende a degustarlo, a conocer sus diferencias (hay cientos de libros que te pueden guiar en la aventura) y ve escogiendo tu predilecto (malbec, tempranillo, cabernet, chardonnay, etcétera), aprende a diferenciarlo por países, por regiones. Vas a sentir y a gozar la diferencia en la comida. Y tu garganta te lo va a gradecer.

Las bebidas combinadas (ron con coca, gin and tonic, los cocteles), son para bares, no para la comida. Y las bebidas naturales pueden ser un buen aperitivo o incluso digestivo (vodka, tequila, whisky, ginebra).

Ah, el whisky, otra gran aventura, cara, eso sí.

En la comida y en la cena: ¡Vino!

Aquí te traigo este fragmento de un soneto de Jorge Luis Borges sobre el vino:

El vino
fluye rojo a lo largo de las generaciones
como el río del tiempo y en el arduo camino
nos prodiga su música, su fuego y sus leones.

En la noche del júbilo o en la jornada adversa
exalta la alegría o mitiga el espanto
y el ditirambo nuevo que este día le canto

## 6.- Aprende a cocinar.

Es un verdadero placer. Si no lo has hecho lo vas a disfrutar más de lo que te imaginas. Disfrutarás la paulatina combinación de olores y sabores. Cada platillo es una creación y tú le irás dando forma, consistencia, olor, sabor, presencia.

Ah, qué gran placer cuando invitas de la comida que hiciste. Estás otorgando una dádiva que proviene de ti mismo porque tú la hiciste y con ella causarás placer y alegría a los otros (hasta un deprimido puede disfrutar un buen platillo).

Lástima de aquellos que aprendieron —y con esa idea se quedaron— de que cocinar era cosa de mujeres. Afortunadamente también es de hombres porque el placer de cocinar es de los seres humanos.

Está bien que sigas la receta, sólo añádele un poco de tu imaginación. Tu propia sensibilidad, tu placer por cocinar, te indicarán que ingredientes adicionales agregar o cómo alterar la dosis o la medida de tal o cual.

Practica, inventa, disfruta cocinar y si así lo haces los platillos te quedarán riquísimos. Cocina con amor y comparte.

## PARA EL CONSUMO

Vivimos en un mundo dominado por el consumo en el que nos borbardean con mentiras que compremos más y más, para que, supuestamente, seamos felices comprando, necesitando, tirando y volviendo a comprar. Toda felicidad comprada es un mero placer momentáneo, que no se te olvide. La publicidad te engaña, te hace creer lo que no es, lo que no eres. Intenta condicionarte a ser una persona con valores según lo que tengas: eso nunca será verdad.

Las grandes estrategias de publicidad empezaron en Estados Unidos casi al mismo tiempo que el siglo que terminó. Desde entonces su objetivo ha sido vender, vender y vender, es decir, crear necesidades, "atraer al consumidor" que es ilusoriamente "Libre para escoger" como dijo un economista llamado Milton Friedman en su famoso libro de 1990, que entonces se volvió la biblia-canto de las sirenas-del neocapitalismo y de la naciente globalización. Esa libertad que defendía las virtudes del mercado es sólo en apariencia. Estamos de acuerdo en que a nadie le ponen una pistola en el pecho para que compre esto o aquello, sin embargo la publicidad lo bombardea para engatusar su mente y hacerlo comprar. Hay que tener mente fuerte y madurez para saber comprar, cuándo hacerlo y por qué.

No hay duda de que el consumo ha sido hasta ahora  el gran impulsor de la economía. Las ilusiones de los años anteriores hicieron creer a mucha gente que "casi todo" estaba a su alcance.

No es este el espacio para teorizar o dialogar sobre la crisis que ha abatido al mundo; lo cierto es que con crisis o sin ella debemos aprender a comprar y a distinguir nuestros verdaderos satisfactores de aquellos que nos imponen la publicidad, la mercadotécnica, la moda, las exigencias sociales y que proporcionan enormes ganancias a los fabricantes.

A todos nos gusta comprar, forma parte del goce de vivir; a todos nos da un enorme placer adquirir los objetos que nos atraen, desde un libro o un disco hasta una lámpara Tiffany's. Pero hay que aprender a hacerlo, no importa cuánto dinero se tenga,  a darle el valor exacto a lo que compramos y a tener muy claro por qué lo hacemos, eso nos llevará a ser más felices con lo que compramos y a no frustrarnos con aquello que no. Porque a fin de cuentas, la mayoría de todo es prescindible.

 Y está científicamente comprobado que nadie se muere por no comprarse tal o cual cosa en el momento en que quisiera.  Y en muchas ocasiones el deseo desaparece al poco tiempo.


**1.- No eres lo que compras.**

Ningún objeto en esta vida  -ni siquiera un amuleto- te hace mejor persona. Quizá te de una mejor imagen, sólo eso: una imagen, y las imágenes no duran.

No eres el coche que tienes ni la casa que tienes ni la ropa que usas: nada de eso eres tú. Ninguna crema rejuvence. No hay desorodante o loción que te vuelve irresistible con las mujeres. Yo no conozco alguien que diga: "Estoy enamorado de ella por la ropa que tiene" o "Es tan lindo: tiene una casa preciosa, lo amo". Si tú sí lo has conocido, pues hay que anunciarlo como noticia insólita.

Existe un viejo adagio popular que dice: "Como te ven te tratan", y se refiere, evidentemente, a la imagen que das…  Sin embargo, esta imagen no sólo se sustenta en cosas sino también en lo que transmites y dejas ver como persona, en lo que expresa tu rostro, en tu aseo personal.

Acuérdate que también hay otro adagio que dice: "Aunque la mona se vista de seda, mona se queda".

Es curioso, generalmente se coincide en que nadie es más elegante –en estilos diferentes- que los franceses y los italianos-, lo que no significa que todos usen las marcas que han contribuido a su fama en el mundo, ni mucho menos. Allá, como aquí y acullá, quienes usan grandes marcas son los menos. Todo radica en saber usar lo que se ponen, en la confianza en sí mismos con lo que usan.

No te subas a un pedestal de objetos construido por ti mismo.

## 2.- Compra sólo lo que necesites

No, no me refiero a que compres únicamente lo indispensable, eso es muy aburrido, también puede ser frustrante. Tu trabajo tiene que ayudarte a darte tus gustos, claro que sí. Si sólo compraras lo indispensable pudiendo comprarte otras cosas, estarías en el rango de la avaricia, de la mezquindad contigo mismo.

¿Qué te quiero decir? Que no compres compulsivamente, que siempre habrá cosas en las tiendas que te atraigan, que te gusten… y que no las necesitas ni sirven para nada.

Vamos a suponer: usas 20 ó 22 corbatas al mes. ¿Para qué quieres 60 ó 70? ¿Para qué quieres 10 o doce pares de zapatos? ¿Para qué quieres tantas bolsas, tantas mascadas? ¿Para qué quieres otro "adornito" en tu mesa de centro o en tu vitrina? ¿Sólo porque están con descuento?

Uno necesita lo que realmente quiere. Y lo que se necesita es poco.

Guarda tu dinero para viajar, por ejemplo, y viajar bien, sin penurias, sin sacrificios innecesarios, hospedándote en un buen hotel. ¡Y no viajes para comprar!

El tiempo que pierdes en las tiendas lo desaprovechas para conocer mejor los lugares que visitas, a sus pobladores, sus costumbres, su comida tradicional (¿o eres de los que sólo come hamburguesas porque no se atreve a probar nada desconocido?), conocer los museos, ir al teatro (aunque no hables el idioma), ir a conciertos… ¡Hay tanto que disfrutar en el mundo!

### 3.- Valora lo que compras

Nadie te lo regala. Te cuesta tu trabajo, a veces mucho trabajo, comprarlo. Son tus cosas. Cuidarlas, no prestarlas, no es egoísmo, es sencillamente darles un valor. Si tú no les das valor, te volverás insaciable comprando; la satisfacción de la compra cada vez durará menos. No permitas que comprar se vuelva en ti un acto reflejo.

Si valoras lo que compras tendrás más claro por qué y para qué lo adquieres. El objeto dejará de ser uno más, tendrá para ti un valor especial, y cuando quieras comprar uno parecido te acordarás del que ya tienes en casa y lo preferirás al nuevo. Te lo garantizo.

### 4.- Recuerda que estás pagando "todo"

Cuando compres acuérdate de que en el precio está incluido lo siguiente:

La ganancia del dueño, el sueldo de los empleados, la renta o posesión del local, la publicidad que te hizo llegar ahí, tu valioso tiempo (lo más preciado que tenemos porque es finito). Tómalo en cuenta para darle valor a lo que adquieres.

Todos solemos creer que la televisión abierta o el radio son gratis, y nos equivocamos terriblemente. Los programas nos los ofrecen a cambio de nuestro tiempo, de minutos y minutos de publicidad a la que le prestamos atención y que al cabo del mes y del año son muchas, muchas horas enteras.

El tiempo que dedicaste a ver esos 8 anuncios no volverá en tu vida. ¿Gratis? ¡Les pagaste con tiempo de tu existencia! Y además te están encauzando a que vayas y compres y también dejes tu dinero y más de tu tiempo. ¿Habías pensado en ello?

Recuerda que la mayoría de los objetos que compras, sobre todo si son de marcas "de prestigio" cuando llegan a ti tienen un sobreprecio que puede llegar al mil por ciento. Sí, no te estoy engañando.

¿Es tan importante comprarlo? ¿Te mereces que te engatusen de esa manera?

Estoy de acuerdo en que hay cosas que por buenas cuestan más; también estoy de acuerdo en que para que las cosas duren tienen que ser de calidad. Sólo piensa que todo precio tiene un límite. Una cosa es comprar por calidad y otra hacerlo por vanidad.

**5.- Las competencias por tener cosas no las gana nadie.**

Comprar por competencia puede ser interminable, genera ansiedad, te devalúa como persona. Te hace víctima de la envidia, un sentimiento que, al igual que el afán de venganza, sólo daña a quien lo siente.

En esencia no demuestras nada teniendo, salvo que puedes tener, eso es todo ¿a quién le importa? ¿Basas tu fuerza en tener? ¿No quieres quedarte atrás ante lo que otros tienen? ¿Por qué? Competir ni siquiera te hace feliz.

¿Buscas que la gente piense que eres poderoso o rico por el coche que usas? Si no eres ni una cosa ni otra te van a descubrir, tenlo por seguro.

No intentes impresionar a nadie con tu coche. Y las personas que se impresionan por esas cosas no saben valorar a las personas.

No te escondas en objetos o te disfraces con ellos.


**6.- Aprende a comprar.**

Seguramente te has dado cuenta de que en muchas tiendas departamentales venden vinos y licores "a 6, 12, 18 meses sin intereses". ¿Te imaginas estar pagando la botella de vino o de tequila que te tomaste hace tres meses? Uf, qué flojera, que carga. ¿Por qué te enganchas en esas cosas?

Lo anterior para decirte que no compres porque te lo ofrecen; no compres porque está barato, no compres porque sea "fácil" comprarlo.

Sí, de pronto hay excelentes ofertas, descuentos importantes… en realidad muy de vez en cuando en el año. Aprende a aprovechar esas oportunidades, sé tú el que decida cuándo y qué comprar.

**7.- Rompe el círculo (no vayas de compras el fin de semana ni a pasear a los centros comerciales).**

Influidos por la cultura consumista la gente tiene la costumbre de ir los fines de semana al centro comercial, al "mall", a la "Plaza", y va toda la familia. Los niños se aburren terriblemente, y si empiezan a pedir esto o aquello se encuentran con el "No" de los papás o con la impaciencia de los mismos. ¡Pobres criaturas!

Para colmo, la mayoría de los "paseantes" –si es que a eso se le puede llamar paseo- sólo va a ver, a ver qué se le antoja, a ver qué venden, a ver qué está en barata, a ver qué necesitan –muchos parece ser que sólo hasta que ven algo creen necesitarlo y se convencen de que es indispensable tenerlo.

Disfrutar tu tiempo libre, no te unas a esas huestes aburridas. A las tiendas o a los centros comerciales debe irse sólo cuando se necesita adquirir algo, lo demás es pérdida de tiempo. Encerrarse en una gran tienda, en un centro comercial, no es disfrutar de la vida, créemelo; es muestra de falta de imaginación, de curiosidad, de interés por lo verdaderamente importante y divertido.

¡Y no sometas a tus hijos a semejante suplicio! Y si los llevas y se aburren y se impacientan, no dirijas contra ellos el enojo que debe ser contra ti; ellos tienen razón, no tú.


**8.- Las tarjetas de crédito no son dinero de más.**

Piensa que si tuvieras en la mano ese dinero disponible quizá no tendrías tarjetas.

Sí, la vida moderna parece haber hecho indispensable contar con al menos una tarjeta de crédito;    lo ideal es usarla sólo en emergencias o si eres capaz de pagar antes del corte todos tus consumos, si no, los intereses te van a aniquilar.

Y no culpes a los bancos. Ellos no son hermanas de la caridad. Quien tiene que saber cómo usar sus tarjetas de crédito eres tú. Aprende a resistirte a las promociones, a la publicidad, y como te dije, paga todos tus consumos mensualmente porque si no lo haces significa que estás gastando un dinero que no tienes.

Que no te de gusto sino miedo el hecho de que te aumenten el crédito: vas a tener la falsa y peligrosa ilusión de "tener más dinero" cuando lo único que vas a tener son más deudas.

Las tarjetas de crédito están hechas para que los bancos hagan negocio, no para ayudarte. Los bancos ganan cobrándole una comisión al establecimiento por cada una de tus compras y ganan con los intereses y las comisiones o anualidades que pagas: ellos ganan, tú te endeudas.

**9.- Olvídate de créditos para fiestas o viajes.**

Los viajes de placer y las fiestas son maravillosos, a todos nos gustan, pero no son imprescindibles. Si tienes que deber para hacerlos, no los hagas. Una vez concluidos, el placer se volverá tortura.

Si tienes que pagar una boda pues mejor ahorra con anticipación; no te endeudes para hacer la fiesta.

¿Quieres ir a en excursión a Europa y visitar 10 ciudades en 20 días y es a crédito? Ahórratelo. No vas a ver nada, no vas a entender nada, al quinto día vas a estar exhausto, vas a comer mal y a beber peor. Cuando termine el viaje no vas a saber qué viste ni dónde, vas a tener todos los cables cruzados y un cansancio enorme por el que vas a necesitar tomar otras vacaciones para reponerte.

Sí, estoy exagerando, de acuerdo, un poco para ayudarte a comprender que hay que hacer las cosas bien y cuando se puede.

## 10.- No compres para ser feliz o llenar tu existencia.

Como dije antes, comprar es un placer pasajero; pasado un rato se desea otra cosa.,, y otra... y otra... y el estado de felicidad nunca llega. Y la frustración cuando no se puede comprar más no se quita una vez que estás sumergido en el laberinto de las cosas y las compras.

Pon en práctica el desapego, no cargues con tanto objeto en tu vida. Los objetos no te protegen del dolor interno, sólo lo distraen, si acaso, por un tiempo breve.

Tú mejor y mayor esencia no está en lo que tienes sino en lo que eres.

La próxima vez que vayas a comprar algo nada más porque sí, detente unos momentos, piensa qué va a ser de ese objeto, cuántos similares tienes y si de verdad tu vida va a cambiar en algo por tenerlo. La mayoría de las veces que hagas esto no sólo vas a ahorrar sino que incluso te vas a sentir mejor.

## PARA LA TERAPIA

*¿A qué se debe el efecto terapéutico del psicoanálisis? A mi parecer, dicho brevemente, son tres los factores que determinan este efecto terapéutico: 1.El aumento de libertad al comprenderse los conflictos verdaderos; 2. El aumento de la energía psíquica al desprenderse la energía ligada a la represión y a la resistencia; y 3. La liberación del afán innato de curación.*

**El arte de escuchar**

**Erich Fromm**

Todos de una u otra forma necesitamos una terapia. Unos lo aceptan y otros no. Todavía existen en muchas sociedades prejuicios en torno a la terapia, más aun si se va al siquiatra. "No estoy loco", "Está loca", "No vayas a terapia ¡échale ganas!" son frases muy comunes. Es cierto que en determinados momentos de la vida sentimos que ya no podemos, que algo está mal dentro de nosotros, y no encontramos la solución o la respuesta. Tenemos que ser muy honestos con nosotros mismos. Es magnífico tener amigos, pueden ser un gran soporte, pero a veces ni ellos mismos, a pesar del gran afecto que nos tengan, nos pueden ayudar. Generalmente a los otros sólo podemos transmitirles la superficie, la corteza de nuestros problemas o dolores, no la verdadera esencia que puede ser desconocida hasta para nosotros mismos. Un terapeuta para eso está precisamente, para descubrir la esencia, ayudarnos a llevarla a la superficie, analizarla, desmenuzarla, comprenderla y encontrar la mejor solución.

La cita de Fromm con la que se abre este apartado se refiere, como pueden leer, al sicoanálisis. Viniendo de uno de los teóricos de la conducta más famosos, generosos y revolucionaros, siquiatra y sicoanalistas a fin de cuentas, así tenía que ser; sin embargo, encuentro que ella es oportuna para cualquier terapia seria, bien elaborada y sustentada, ya no sólo para el sicoanálisis que, al parecer, a estas alturas del siglo XXI deja tan insatisfecha a mucha gente, incluso a quienes ni siquiera han vivido la experiencia. Desde mi punto de vista es como alguien que rechaza a priori una operación del corazón; la curación del alma puede ser tan subjetiva que respeto las posiciones de cada quien; lo importante, a mi juicio, es que cada quien, si siente que lo necesita, si tiene la sabiduría de comprender y aceptar esa necesidad, busque la terapia que mejor se adecue a sus inquietudes, prejuicios y necesidades. Lo que importa es que sea seria; los caminitos sencillos no ayudan a los profundos recovecos del espíritu.

## 1.- Reconoce que la terapia es simple y llanamente una forma de ayuda.

Parece mentira que todavía en el siglo XXI hay quien diga que no está loco para ir al sicoanalista o con cualquier otro terapeuta. Además es asombroso que cualquiera aceptar un diagnóstico de una enfermedad del hígado, el riñón o los pulmones, pero una del "alma" originada, en muchas ocasiones, por una mezcla de sucesos de vida y también por deficiencias químicas en nuestro organismo.

Yo creo que porque estás muy cuerdo, porque te das cuenta de tus problemas, por eso vas a terapia, por eso lo decidiste.

Un amigo doctor me decía que todos, de una u otra forma, estamos enfermos, unos del cuerpo, la mayoría del alma. Nuestra vida en la infancia, en la adolecencia es muy frágil emocionalmente, y lo que nos sucede nos determina para toda la vida; lo bueno, lo maravillosamente bueno, es que podamos cambiar para mejorar.

Quien se da cuenta de eso y se esfuerza por hacerlo, es todo menos loco.

La terapia es apoyo y ayuda, y no te consideres débil por necesitarla. Ya verás en el camino cuánta fortaleza interior se requiere para avanzar con decisión en ella. Es un compromiso muy grande, no con el terapeuta ni con nadie más: contigo mismo; es un profundo compromiso de soledad ante espejos en los que únicamente te ves tú en compañía de muchas sombras, en muchos tiempos.

**2.- Celebra que reconoces que necesitas ayuda y que eres capaz de buscarla y encontrarla.**

No te sientas menos por ir a terapia, además no tienes por qué andárselo contando a nadie. Y no porque sea malo sino porque muchas veces los otros juzgan a lo tonto.

La terapia es una práctica íntima, personal; lo que ahí se diga sólo tú lo vas a entender a profundidad porque es tu vida, tu vida más profunda, con muchos hechos reales sí, que son la superficie, pero lo importante es lo que quedó emocionalmente debajo de ellos.

Celebra que buscas y encuentras; que nadie más que tú te da las respuestas adecuadas; que tú mismo estás saliendo adelante.

Siéntete orgulloso de ti mismo y guarda con una sonrisa tus secretos, esos que hayas descubierto en la terapia.

Además celebra que por haber ido a terapia vas a tener una mayor y mejor capacidad de comprensión de los demás, los entenderás mejor, ya no juzgarás tan fácilmente.

**3.- No tengas prejuicio contra las terapias.**

Todas las que son serias y tienen una base científica sirven según el individuo. Practica aquella con la que te sientas más cómodo, que sientas que te ayuda más. Si empezaste una y verdaderamente no te satisface, busca otra. Siempre encontrarás la adecuada.

Una vez que encontraste no critiques ni menosprecies los caminos que otros han escogido.

**4.- Entrégate a una forma de terapia** hasta que te sientas cómodo con ella y convencido de sus virtudes PARA TI. No importa si tal o cual forma o tendencia o corriente o escuela ha sido muy útil para un amigo o para tu pareja, no, lo que importa es que sea útil para ti, que tú te sientas bien con ella.

Comprométete con la que elijas. Nadie te la impuso, tú la escogiste, así que no te engañes. Si no te comprometes no habrá curación, te estarás engañando, estarás simplemente obedeciendo a tus resistencias.

**5.- No te engañes. Evita el camino fácil.**

Más adelante hablo de los pretextos, porque las terapias son difíciles, son todo menos un paseo en trineo o una caminata en la playa. A veces están llenas de senderos escabrosos y de barrancas. No temas. Los seres humanos siempre somos más fuertes de lo que creemos.

Una terapia es un esfuerzo muy serio, y si no lo tomas así pues mejor no regales tu dinero. Ah, porque la terapia, además, te tiene que costar también económicamente. Los seres humanos no sabemos valorar lo que es gratuito y mucho menos nos comprometemos con ello.

No busques lo que QUIERES oír sino lo que NECESITAS escuchar.

## 6.- No intentes engañar a tu terapeuta.

Si no hablas con la verdad, todo será inútil. Podrás justificarte todo lo que quieras (te darás cuenta de que lo estás haciendo y más aun lo percibirá tu terapeuta), pero no mientas, no trates de engañarlo porque sólo te estarás engañando a ti mismo.

Si a algo tememos –innecesariamente- es al juicio de los demás, y resulta común que sobre todo al principio temamos el juicio de nuestro terapeuta porque además, de algún modo, solemos verlo como un padre o una madre (imagen que debemos descartar lo antes posible). El o ella no te va a juzgar;  sabe mejor que nadie que eres simplemente un ser humano más. No le vas a caer mejor ni peor, no va a ser tu amigo –porque además esa no es su función-, no te va a dar trabajo ni a recomendar, ni a dejar herencia. Tan sólo, y eso es lo único que importa, te va a ayudar a ser mejor persona, siempre y cuando tú pongas todo de tu parte para ello.

## 7.- Reconoce los pretextos.

Una vez que la terapia empieza a ponerse dura, difícil, que vas descubriendo cosas que no te gustan de ti, que te duelen, en fin, empiezan a surgir los pretextos para faltar a la cita con el terapeuta: tengo mucho trabajo, estoy corto de dinero, tengo que ir a tal cita –que tú mismo pusiste a esa hora, por cierto- etc., etc.

Comprende que esa reacción de defensa se debe a que tu ego, que se la ha pasado muy bien siendo como es y no quiere cambiar, se resiste a que descubras la verdad, a que cambies patrones de conducta. ¡Avanza! ¡No te detengas! Ese es el momento en que más comprometido debes estar con tu proceso. En la subida, justo cuando sientes que ya no puedes o estás dejándote llevar por la apatía, es cuando más te debes esforzar; después contemplarás el valle y empezará la bajada placentera.

### 8.- No juzgues a tu terapeuta.

En lo más mínimo te debe de importar  su forma de vestir, si no sabe tanto como tú de música, si su consultorio te parece de mal gusto, etc., porque esas también son trampas y justificaciones para ausentarte en un momento dado. Lo único que debes valorar es si te ayuda o no, si te comprende o no, si es acertivo o no ante tus problemas, si te apoya para desbrozar el camino. Nada más.

### 9.- Evita hacer proselitismo de la terapia.

Si estás contento y satisfecho con tu terapia no te vuelvas "predicador" de la misma; no intentes convencer a otros de que es mejor que la de ellos. Sólo sugiere si te piden opinión o consejo. Acuérdate que la mejor terapia es la que le sirve a cada quien.

Creo que para ir a terapia es especialmente válido ese viejo proverbio zen que dice: "cuando el alumno está listo, el maestro aparece".

## 10.- No te vuelvas dependiente de la terapia.

Ella no va a hacer por ti lo que tú no hagas. Tienes que avanzar, y conforme avances tendrás mejor manejo de tus emociones y de tus sentimientos.

Acepta que hay dolores que no se te van a quitar jamás, sólo aprenderás a manejarlos; hay miedos que existirán por siempre: en ti estará aprender a reconocerlos y vencerlos. Ningún miedo es invencible, ninguno. También descubrirás cosas que no te atrevías a hacer y que serás capaz de llevar a cabo. O que antes te molestaba cierto tipo de situaciones y ahora no. Te darás cuenta de que ahora *entiendes* y *sientes* de manera diferente, mejor.

Tu compromiso con la terapia te dirá cuando estás listo para reemprender el vuelo solo. Y si más adelante necesitas regresar a una afinadita, un cambio de aceite, un resane, pues regresas y ya. La vida es fácil, somos nosotros quienes nos la hacemos complicada.

## PARA LOS DIVORCIOS

*La esposa (o) puede ser por un rato;*

*la (el) ex es para toda la vida.*

Sabiduría de cantina

Todo divorcio es traumático, no importa si se hace en los mejores términos, que son los menos frecuentes. Hay una sensación de fracaso –aunque no lo sea-, y hay un sentimiento de victimismo en ambos protagonistas –aunque no existan las víctimas. ¿Si ya vivieron el dolor de acabar mal un matrimonio que empezaron llenos de alegría y amor por qué llevar el dolor y la agresión también al divorcio? ¿Qué pretenden ganar? No van a ganar nada más que más dolor.

### 1.- No hables mal de tu ex.

No te deshaogues echando peroratas en contra ante tus amigos o tus familiares. No ganas nada. Sólo lo haces para justificarte ante ti y ante los demás. Es de mal gusto, no habla bien de ti. Además te haces la víctima y no eres ninguna víctima.

Si tienen hijos en común, piensa que estás hablando mal de la madre o el padre de tus hijos.

**2.- Háganse amigos.**

Una vez pasada la tempestad, procura que el tiempo contribuya a que tu ex y tú sean amigos, y pon de tu parte para ello.

Y que la amistad sea una nueva y genuina forma de relacionarse, no un disfraz de la

situación anterior.

Tu ex y tú un día se amaron. Su matrimonio no resultó, se equivocaron, son humanos. Lo maravilloso es que pueden corregir el error, respetarse, transformar el amor que hubo en afecto y amistad, no en rencor y odio.

Recuerda que esto lo estás leyendo tú, entonces tú haz lo mejor que puedas y no pretendas que tu ex haga lo mismo. En un divorcio lo peor que puedes hacer es decirle al otro cómo comportarse. Tal vez él o ella podrá insultarte, hostigarte, agredirte, en fin, pero si no encuentra réplica de tu parte, si no retroalimentas la conducta dañina, cesará en su afán destructivo y acabará por cambiar su conducta. No caigas en la provocación, toma las medidas que el caso amerite sin apasionamientos y sobre todo sin victimismo.

**3.- Evita la culpa.**

No ayuda, sólo enturbia tu visión de la realidad, de tu situación, y afectará tu presente y tu futuro.

No hay culpas, sólo historias personales, añejas; sólo errores, responsabilidades y, desde luego, aciertos, así que mejor quédate con ellos.

La culpa te dañará a ti y continuará dañando la situación en el futuro. Libérate de la culpa y no culpes a la otra persona: aun en las peores situaciones, para bailar un tango se necesitan dos. Si te hizo, fue porque lo permitiste; si le hiciste, fue porque lo permitió.

¿A la mera hora no era lo que tú querías? Analiza profundamente qué querías.

Aunque no lo creas, tu pareja respondió a todas tus expectativas concientes e inconcientes.

En una pareja no hay culpas sólo responsabilidades y cada uno debe lidiar con eso para que en la siguiente oportunidad no cometan los mismos errores.

Si te sientes culpable o echas la culpa no habrá avance en el futuro. Tú escoges. Además nada se solucionará adecuadamente.


**4.- Logra acuerdos, no actúes con venganzas.**

Todo divorcio es doloroso, siempre hay un sentimiento de pérdida para ambas parte. El enojo y la revancha no van a borrar ese sentimiento ni a aminorar el dolor, es sólo una aspirina.

Nada de que me quedo con todo, porque ese "todo" es de los dos, siempre. Repártanselo de una manera justa y equitativa.

Tengan respeto y generosidad ante lo que cada uno genuinamente quiere, ante los objetos que son importantes para uno y otro (libros, discos, cuadros, adornos, etc.). ¿Qué vas a ganar con quedarte con lo que a ella o él le importa o lo valora más que tú, además de vengarte, de hacerle sentir tu poder (siempre relativo). ¿Qué necesidad? Además ese *todo* compuesto de múltiples objetos siempre será reemplazable.

**5.- No engañes a tus hijos con el pretexto de causarles menos dolor.**

Ellos se dan cuenta perfecta de todo. El engaño sólo contradice sus percepciones, sus sentimientos, los confunde más y los hace más vulnerables ante la separación.

No subestimen la inteligencia infantil. Es superior a la de ustedes, como pareja, porque tiene menor carga de convencionalismos sociales, es más transparente, también puede que sea más temerosa ante la incertidumbre, porque incertidumbre es lo que más percibe un niño. Si la separación es un hecho, no lo engañen, al contrario, ayúdenlo a pasar el trago de la mejor manera posible. Generalmente todos los errores con los hijos en estas circunstancias se cometen por culpa, por culpa personal que el niño no puede ni debe aliviar, es un camino equivocado intentar paliar ese sentimiento de culpa embaucando, engañando, aun fantaseando con los hijos. La verdad, sólo la verdad, sin víctimas ni culpables: sí les va a doler; por eso es mejor darles herramientas de verdad y no herramientas de mentira.

**6.- Que tus hijos no te vean triste y desmoralizado: pueden sufrir más que tú.**

No, no me estoy contradiciendo con el mandamiento anterior. Es posible que estés efectivamente triste y desmoralizado; también es posible que una parte de ti se esté haciendo la víctima ante ellos, que tú seas el que busca su consuelo mediante el chantaje. No les eches a ellos esa carga producto de tus propias decisiones.

Cuando la separación es un hecho, ya se dio, ¿qué esperas o quieres de tus hijos? ¿Esperas que vivan su propia tristeza o que se apiaden de ti?

Ellos no tienen por qué apiadarse de ti, ellos son ajenos por completo a toda la problemática de la ruptura de sus padres, de dos adultos; lo único y lo más importante es que ellos necesitan seguridad, saber que van a seguir viviendo –o que ahora sí lo van a hacer– en un ambiente de amor y tranquilidad–. Piensa en ellos. Aquí sí, lo importante son ellos, lo demás tú te lo buscaste, tú contribuiste a propiciarlo –por las razones concientes o inconcientes que hayan sido–, y ellos no tienen por qué pagar las consecuencias, no tienen que ser soporte de sus padres, al contrario: los padres deben ser, renovadamente, el soporte para ellos.

### 7.- A tus hijos no les hables mal de tu ex.

No les transmitas a ellos tu enojo, tu rencor o tu resentimiento. No los envenenes.

No utilices a tus hijos para presionar o chantajear a tu Ex o para asumir una conducta de víctima. No los metas a ellos en los problemas que son únicamente de dos: Tú y tu Ex.

Habla con tus hijos, explícales las cosas de la mejor manera *para ellos*, no para ti.

No intentes obtener su lealtad o su solidaridad buscando contrapuntos con su padre o su madre. No es junto ni amoroso para ellos, no pienses sólo en ti.

Cada vez que les hables mal de tu ex, les estás quitando seguridad, estás haciendo grietas en sus emociones, los estás llevando a un desequilibrio, a una elección que es mayor a sus fuerzas naturales. No seas cruel con tus hijos con el supuesto afán de ganártelos para tu causa: les estás haciendo mucho daño con esa conducta.

**8.- No te enredes de inmediato con otra persona.**

No va a funcionar; en el 99% de los casos no funciona y es mejor para tu salud emocional que no te creas que eres del otro 1%.

Esas relaciones de huida o consuelo  siempre son paliativos ante un ego herido, ante una inseguridad vapuleada; ante un "fracaso". Esas relaciones son como un esteroide de vanidad para hacerte creer ilusoriamente que "sí puedes", que sí eres sujeto de amor, de admiración. Digo ilusoriamente porque mucho después, con la labor maravillosa y balsámica de la soledad, cuando no andes buscando alivio y llegue otra relación, todo dejará de ser ilusorio y tendrás, desde luego, otra oportunidad, sin fantasías. Claro, si la experiencia te hizo madurar, si no, pues no tienes remedio y cometerás los mismos errores aunque con otra persona.


**9.- Vive tu nueva soledad, acéptala.**

Es nueva porque después de haber estado casado la soledad es muy diferente, no es nada que hayas conocido antes, aunque hayas vivido solo previamente.

Las mujeres están mejor dotadas emocionalmente que los hombres para vivir solas. Si eres hombre, haz tu esfuerzo.

Un amigo mío le platicó a su mamá que se iba a divorciar de su mujer, estuvieron hablando largo rato. La madre fue prudente –era una mujer con mucha experiencia-, la pregunta final fue ¿quién te va a lavar y planchar tus camisas? Si quieres tráemelas.

Esta anécdota es muy clara, más que cualquier rollo.

**10.- No vuelvan sobre el pasado.**

A menos que sea para pedirse perdón mutuamente. Pedir perdón es muy liberador. Los dos, los dos, los dos, tendrán muchas cosas que perdonarse. No vuelvan sobre el pasado para recriminarse, sólo se harán más daño.

Vuelvan sobre el pasado sólo para recordar y agradecerse mutuamente una alegría. De ahí en fuera sólo vean el presente y hacia el futuro de cada instante.

# PARA VIAJAR

*El viaje es una especie de puerta por donde se sale de la realidad conocida para penetrar en una realidad inexplorada que parece un sueño.*

**Bajo el sol**

**Guy de Maupassant**

Viajar es una de las experiencias más emocionantes y enriquecedoras de la vida. El mundo entero es nuestro; está para que lo descubramos, nos maravillemos y lo amemos en toda su diversidad, en todas sus manifestaciones naturales y humanas.

Gracias a los viajes conocemos lugares insospechados, nos llevamos sorpresas con su gente, aprendemos a convivir y a comprender mejor al otro, todo siempre y cuando lo hagamos con una mentalidad abierta, pura, casi infantil.

Ante la pregunta de qué le recomendaba al viajero, que le hizo un periodista del periódico español El País, el polifacético escritor holandés Cees Nooteboom, uno de los autores más importantes de Europa, expresó: "¡Dejarse llevar! Llegar a una ciudad, ir a la terminal de autobuses, tomar cualquiera y dejarse llevar. Así habrá aventuras, cosas feas, cosas bellas, gente interesante, gente aburrida. Nunca se sabe. Así el mundo se ensancha."

**1.- Procura siempre elegir destinos que no conozcas.**

Hazlo siempre que te sea posible. No seas rutinario en tus viajes. Tu propio país tiene una riqueza que ni te alcanzas a imaginar.

Las playas son para descansar y para reventarse; hay lugares mucho más interesantes, verdaderamente ricos en estallidos de naturaleza, en tradiciones y culturas populares, en calor humano. ¡Abrete a ellos, incita tu curiosidad, muévete!

Siempre que tengas oportunidad aléjate lo más posible, intenta conocer otros pasados, otras historias, otras costumbres.

## 2.- Viaja ligero.

Aprende a viajar ligero. Carga sólo con lo indispensable. Hazte fáciles los traslados. Nadie te conoce, no importa que lleves el mismo pantalón varios días.

Asume que te vas a relajar, que vas a dejar atrás tu mundo cotidiano para entrar en una nueva experiencia de vida. Esas experiencias no necesitan maleta, necesitan sólo tu afán, tu alegría, tu entusiasmo.

## 3.- Compra sólo lo necesario.

Mucha gente confunde viajar con comprar. Tal pareciera que las experiencias emocionales, sentimentales, enriquecedoras del espíritu no son suficientes a menos que se compre algo, lo que sea, que se compre.

Es comprensible el deseo de comprar, entonces compra meramente algo significativo, algo que te recuerde ese viaje en particular; algo que cuando lo mires te recuerde tu emoción en aquel lugar, tus experiencias, te haga revivir lo grato de la decisión que tomaste al ir allá.

No compres por comprar, aprende a descubrir objetos, por pequeños que sean; no compres lo que todos los turistas, generalmente las cosas que les venden son chatarra, carecen de personalidad, de fuerza.

Si vas a una ciudad importante no te la pases "de tiendas" ni en los malls ni en los centros comerciales: ¡no encierres tu vista, no desperdicies tu tiempo! ¡Hay tantas cosas que ver en cualquier ciudad!

Viaja para conocer, para aprender, para sorprenderte, no para comprar

**4.- Procura escribir algo,** aunque sea una referencia sobre tu mejor experiencia del día.

No dejes todo a tu memoria. Recrea momentos, acuérdate de tu sorpresa ante tal cuadro, ante tal iglesia, ante aquel edificio o al sentarte en esa plaza o café; la gente que viste, los sonidos, el ambiente.

Escribir esas experiencias es incluso más enriquecedor que fotografiarlas, y forman parte de lo que va siendo tu vida, tu visión del mundo.

Al momento de escribir recuperarás sensaciones y tendrás otras nuevas que el mero hecho de escribir hará que afloren. De esa forma harás de tu viaje una experiencia aun más enriquecedora.

Si viajas acompañado, durante los días que dure la vacación procura hablar lo más que puedas de lo que estás viendo y viviendo, intercambien puntos de vista, observaciones, olvídate de traer a colación tu vida diaria, los temas de trabajo, asuntos de familia. Concéntrate en el viaje. La falta de concentración en lo que se hace para divertirse y en general para muchas cosas es una forma de perder el momento y en consecuencia aspectos intensos de la existencia. Aprende a estar donde estás y disfrútalo.

**5.- Interésate por las costumbres y la historia del lugar.**

En el mundo hay alrededor de 200 países, así que imagínate cuántas regiones, cuántos pueblos, cuántas costumbres. Si incluso un solo país está lleno de sorpresas, ahora imagínate todo aquello. Interésate, pregunta, olfatea.

Procura, por tu propio bien, no ser uno de esos paseantes displicentes que van por ahí con cara de que ya lo han visto todo. Nadie, nunca, ha visto todo.

Averigüa sobre las tradiciones y las fiestas, sobre los días más importantes, sobre la histori. Hay gente que pasa de largo en los lugares aun habiendo estado ahí.

No seas perezoso, no te dejes amarrar por la flojera y camina, pues sólo así podrás ver.

Sobre todo en los pueblos observa a los niños, cómo ríen, como juegan, como se llevan entre ellos, acércate a ellos; observarlos te dirá mucho del lugar, de su vida, de su alegría y libertad o de su tristeza.

**6.- No veas a través de la cámara fotográfica o de video.**

Me ha tocado ver personas –y seguramente a ti también- que entran a un museo o a un recinto histórico cámara en mano. Todo lo "observan2 –si a eso se le llama observar- a través de la cámara de video o de fotos. ¡Para eso mejor que se compren un libro o un DVD! Las fotografías y la imagen van a ser infinitamente mejores.

Para colmo, la inmensa mayoría de esos videos o fotos no se vuelven a ver nunca, a lo mucho se enseñan por ahí a algunos parientes o amigos y se acabó. ¡Cuando lo más fácil es comprarlos porque además son baratos!

Es tanto como ir a un concierto con el ipod y estar oyendo la grabación en vez de a los músicos en vivo.

Lo importante es apreciar directamente los objetos, los monumentos, las paredes, los pasillos, los altares, a los seres humanos, todo. Apreciarlo con tus ojos sin nada que interfiera pues sólo así podrás entrar en comunicación con lo que observes y admiras.

Aprende a ver. Ten paciencia, concentra tu mirada. He visto a mucha gente pasar de noche ante cuadros maravillosos, por ejemplo. Los observan 10 ó 15 segundos y los palomean. ¡Así no se puede! Aprende a contemplar, y conforme pases más tiempos contemplando *eso* te dirá muchas cosas, y las sentirás.


**7.- Atrévete a comer lo tradicional**

Es toda una experiencia, comer diferente es una aventura paralela dentro del viaje.

Descubre platillos, condimentos, salsas. No seas como esos viajeros temerosos y aburridos que sólo andan buscando pizza, pasta o hamburguesas cuando cada país está lleno de sorpresas y de sabores.

## 8.- Observa a la gente (algo aprenderás).

Escoge un buen lugar para sentarte; puede ser una plaza, un jardín, un agradable café y siéntate tranquilamente a observar, fíjate en las personas de todas las edades, en como van caminando en compañía de sus parejas, de sus amigos, de sus hijos; fíjate en sus ademanes, en sus gestos, en sus risas. Todo parece igual a lo que has visto siempre, pero no es así, no te dejes engañar por la primera impresión; si observas atentamente encontrarás muchas diferencias a lo que mejor conoces; esos compartimientos te hablarán no sólo de las personas sino del lugar donde te encuentras, de su cultura, de su historia; te hablará de las enormes posibilidades conductuales, gesticulares, expresivas de los seres humanos.

## 9.- Empieza por poner asombro y alegría.

Disponte de buen ánimo a aceptar la diferencia. Si viajas esperando que todo sea como en tu lugar de origen puedes llegar a hacer muchos corajes además de perderte, por tu mal ánimo, de cosas que pueden ser las mejores del viaje.

Hay turistas que inmediatamente empiezan a comparar todo, en desventaja, con lo que sucede en su tierra: "esto allá es más limpio", "la gente es más educada", "los meseros son más amables", "nuestras iglesias son más bonitas". ¡Ufff, qué lata! Si eres así, mejor regrésate.

Ciertamente, puede ser que un viaje te ayude a valorar mejor tu país o tu región, qué bueno, pero si te centras en las comparaciones, te vas a acabar fastidiando.

Si haces eso ¿qué miedo estás escondiendo? ¿Te sientes inseguro? ¿No sabes cómo comportante ante lo nuevo y diferente?

**10.- Viaja por tu cuenta; evita al máximo las excursiones.**

A menos que sea imprescindible, viaja por tu cuenta, sin prisas. Esas excursiones de 15 países en 18 días son agotadoras y empachan. Así no se puede conocer nada.

Hoy es muy fácil organizarte tu propio viaje. Y es mejor que conozcas bien dos o tres ciudades a que veas diez mal y a las carreras. Además en las excursiones por lo general te llevan a comer a lugares malos, estereotipados; lo mismo sucede con los espectáculos; nada de lo que crees auténtico o genuino lo es.

Por otra parte, puede haber compañeros de viaje insufribles ¿y qué vas a hacer si todavía te faltan veinte días de recorrido? De veras, eso puede ser una pesadilla.

Sé más audaz, sé libre, sé imaginativo. Viaja como pastor no como rebaño. Acuérdate que mereces tratarte bien.

# PARA TI MISMO

*No le tengo miedo a la muerte; únicamente no quisiera estar ahí cuando ocurra*

Woody Allen

Esa frase sólo se le pudo haber ocurrido a alguien que ama profundamente la vida. Y sólo podemos amar la vida si nos amamos a nosotros mismos y somos capaces de disfrutarla con lo dulce y lo amargo… como a nosotros mismos.

Estamos indisolublemente ligados al momento de nuestro nacimiento y al momento de nuestra muerte. El trayecto depende de nosotros, de qué queramos hacer con él. Podemos lamentarnos de nuestra existencia e ir por ahí causando lástimas o podemos gozarla e ir por ahí transmitiendo optimismo, esperanza, alegría de vivir a pesar de todo y gracias a todo.

Con mucha más frecuencia de la que pensamos, de la que nos damos cuenta, somos para nosotros mismos la persona menos importante del mundo. Y lo peor es que creemos que no es así. Estamos atrapados en el Ego, que nos juega muy malas pasadas. Ego significa "yo" en latín. Pero el ego es una fantasía de nosotros mismos, no es nuestra realidad, es algo que nos hemos inventado y muchas veces nos domina y nos lleva por senderos equivocados.

Generalmente creemos que nos queremos, y no es así. No nos ocupamos adecuadamente de nosotros mismos como personas, ni de nuestro cuerpo ni de nuestro espíritu. Nos creemos buenos y no lo somos; nos creemos malos y tampoco lo somos. Porque una cosa es lo que diga nuestro ego y otra cosa es la verdad.

Confundimos satisfacción de necesidades cotidianas con atención a nosotros mismos. Digamos que no le damos un mantenimiento adecuado a nuestro espíritu, a nuestro cuerpo; les pedimos mucho sin darnos cuenta, y les damos poco, muy poco.

La mayoría no vamos, por ejemplo, a que nos den un rico masaje relajante; la mayoría no atendemos a nuestro espíritu aunque practiquemos o pertenezcamos a una religión. No meditamos, no *contemplamos* la naturaleza, no *contemplamos* el Universo, en fin. Comemos regular, leemos poco o nada; rara vez apreciamos una obra de arte o escuchamos música de concierto; escuchamos poco a los otros y nos escuchamos menos a nosotros mismos.

Hacemos lo que aprendimos y lo que nos manda el *Ego*, amo y señor nuestro.

Según Freud, el ego, es decir el Yo, es el responsable de lograr el equilibrio entre la realidad, las exigencias del ello –digamos que los instintos-, y el Super yo, es decir las exigencias morales. Este equilibrio debe mantener a la persona integrada en su personalidad, y si se diera el ideal ninguno seríamos neuróticos, histéricas, esquizofrénicos, etcétera.

Lo que sucede es que el Ego se va modelando en nuestra infancia y adolescencia, se acomoda donde se siente más a gusto y a partir de ahí él decide. Y desafortunadamente no siempre decide lo mejor para nosotros. El ego representa papeles, y cuando nos damos cuenta, hemos perdido gran parte de nuestra identidad real. Confunde libertad, esfuerzo, problemas, amor, satisfacción, desencanto; confunde todo para sentirse bien él. A veces necesita ser feliz y a veces necesita ser infeliz porque a lo largo de los años ha aprendido a obtener reacciones –gratificaciones –convenientes de los demás. El ego deja de trabajar para ti, para tu más pura esencia, y trabaja al servicio de los demás. Y el ego, que piensa mucho, que suele ser el dueño de nuestra mente y decide permanentemente la inmensa mayoría de los 60 mil pensamientos que cruzan al día por nuestra cabeza, nos controla con esos pensamientos. El decide la forma como debemos enfrentar la realidad. Y lo hace a su conveniencia, no a la nuestra.

Si somos desordenados nos hace creer que somos libres, si nos sucedió algo malo nos hace creer que somos víctimas, si se acaba un amor, ¡pobres de nosotros!; si perdemos el trabajo fue porque el jefe o la jefa son absolutamente injustos; si cometemos un error nos hace pagarlo con la culpa porque en la culpa también mucho de victimismo, porque a veces la culpa –creemos- nos distingue de los demás y caray, eso es importante y valioso.

Si somos austeros en nuestra vida diaria, el ego nos hace creer que eso está bien y quizá nos está ocultando nuestra mezquindad, nuestra avaricia, nuestro egoísmo con nosotros mismos; si de chicos tuvimos privaciones y de adultos nos damos muchos gustos, nos hará sentir culpables; también nos incitará a darnos más y más gustos para acallar así el dolor guardado por aquellas privaciones. El ego es muy hábil, muy astuto, y está lleno de energía pues hemos puesto en sus manos todo nuestro poder. Es lo que aprendió mientras éramos niños, adolecentes, y se quedó con lo mejor que consideró para sobrevivir en el mundo real.

Ni modo, hay que librar una batalla cotidiana contra él y todas sus trampas. En este decálogo comprenderás claramente que el ego desempeña un papel fundamental en la forma en que nos amamos y amamos a los otros.

### 1.- No te creas ni bueno ni malo.

Ya dijo Fromm en un libro imprescindible que el hombre "no es ni lobo ni cordero". Así que ni te sobrevalores ni te desprecies.

Eres un ser humano que comete errores y aciertos, que tiene muchas virtudes y múltiples defectos.

No eres tan bueno como crees y tampoco eres malo como la culpa te hace sentir en ocasiones.

Ser mejor persona requiere un trabajo cotidiano y mucha observación interior.

La verdadera maldad no es lo más común entre los seres humanos porque es toda una patología, y no creo que pertenezcas a ese grupo puesto que estás leyendo este libro.


## 2.- Consiéntete.

Tú debes ser la persona que mejor cuide de ti mismo. En tu vida adulta nadie puede hacer por ti lo que tú no hagas, por más que la otra persona te quiera.

Date gustos; por ejemplo, periódicamente date masajes relajantes, que son una forma maravillosa de caricias.

Da de corazón todos los abrazos que puedas y recibe los que te ofrezcan. La calidez de un abrazo está en nuestra memoria infantil; un abrazo es una muestra de afecto.

Cómprate esos zapatos que tanto te gustan o esa bolsa. No, no compres compulsivamente, sólo date el gusto de tener eso que tanto quieres.

Aprende a comer bien, a beber bien; disfruta la comida, los vinos y licores; come despacio para disfrutar los sabores, para paladear. Comer bien no significa privarse de nada, como lo que te guste, sin atragantarte: come con placer.

Aprende a atreverte con platillos desconocidos, no comas siempre lo mismo, experimenta; no digas a priori "eso no me gusta".

Cuando estés ante un nuevo platillo, con el primer bocado cierra los ojos, que no te de pena, para que todos tus sentidos se concentren en el sabor. Verás que es divertido y gozarás los sabores de una manera diferente.

Haz exactamente lo mismo con un vino; eso sí, ni desperdicies el esfuerzo con uno de esos cuya botella viene con tapón de rosca, eso no llega a vino, es pura química y te generará un terrible dolor de cabeza.

Ten siempre limpia y arreglada tu casa, no importa si vives solo. Es muy agradable llegar a tu casa limpia, ordenada, con la cama bien hecha después de una jornada de trabajo.

Cuando vivimos solos, sobre todo los hombres, somos muy dados al desorden, al descuido, al tiradero. "no importa", decimos, al fin que vivo solo. ¡Tienes que tener todo agradable para ti! Dátelo a ti.

Ten utensilios de cocina no sólo útiles sino también bonitos.

Revisa tu refrigerador, no acumules cosas que se echan a perder.

Asume que tu casa es como tu templo, tu castillo, tu refugio; ahí te preparas para las nuevas batallas, ahí puedes disfrutar de amores, amistades. También ahí te refugias de alguna batalla perdida. Tu casa es un reflejo de lo que tú eres, de cómo eres, de lo que quieres para ti, de lo que te importa.

## 3. Disfruta el dar.

Dar sinceramente, sin condiciones, puede llegar a causar un gran placer y a recibir en el mero hecho de dar. No me refiero a la salida fácil de dar unas monedas a un pobre, me refiero realmente a ayudar, a apoyar al otro en una situación determinada.

En ocasiones aceptamos prestar una ayuda convencidos de que es por el otro, y posteriormente podemos tener la extraordinaria conclusión de que quienes acabamos recibiendo   incluso más beneficios fuimos nosotros mismos. De hecho se nos atravesó en el camino una dádiva disfrazada de petición. Esto sucede con más frecuencia de la que crees si estás atento.

Es importante tener presente que cuando alguien nos pide ayuda o tomamos la iniciativa de dársela, lo que debemos hacer es dar la ayuda que él quiere y necesita, no la que desde nuestra óptica él debe tener. Tenemos que estar muy dispuestos a hacer esa diferencia, sobre todo si el otro, como generalmente sucede, no es tonto. Se trata de ayudar sin condiciones, sin poner "mis condiciones para ayudarte". El que requiere la ayuda no debe ser obligado, no podemos dejarnos llevar por la vanidad de asegurar que nosotros sabemos mejor que él lo que necesita. Ayudar como él quiere, así debe ser. Y tienes que ser acertivo para ello.

### 4.- Duerme bien, duerme lo suficiente.

No confundas disciplina con sacrificio. Sí, te puedes acostumbrar a dormir 6 horas diarias, Qué mejor si te las arreglas para dormir más, dormir es el verdadero descanso, te ayuda a mantenerte más joven, te permite disfrutar mejor la vida.

Hay quien dice que la vida es corta como para dormir mucho. Sí, la vida es corta, y lo será más si no tienes fuerza y calidad física para vivirla.

Tampoco se trata de pasarse la mitad del día dormido, eso es pereza y sí es un desperdicio; ahora que si de vez en cuando tu cuerpo te lo pide, tienes verdaderas ganas de hacerlo, pues hazlo sin culpa alguna, disfrútalo.

### 5.- Jamás te compadezcas de ti mismo.

Jamás te hagas la víctima ante ti mismo y mucho menos ante los demás.

Aunque te vaya muy mal piensa que todo es temporal, porque todo en la vida, en la Tierra, en el Universo, es temporal. Seres humanos, animales, plantas, planetas, galaxias, todos estamos sujetos a ciclos.

Nunca te digas "¿¡Por qué me pasa esto a mi?!" ¿Y por qué no? ¿Entonces la pregunta significa que sí les puede suceder a otros y a ti no? ¿De qué privilegio gozas como miembro de la especie humana? Ten presente que hay millones de personas en peores circunstancias que la tuya.

Es tu ego el que reacciona de esa manera, así que mejor intenta fríamente, con humildad, analizar, sin desesperarte, lo que está sucediendo de "malo" (sí, entre comillas), cuáles son las causas y cuáles de ellas tú provocaste o generaste; eso te llevará a comprender mejor tu situación "desesperada".

Sí, hay situaciones cuyo resultado no estaba en nuestras manos, son cosas que suceden en la vida, por eso le suceden a muchísimas personas generación tras generación. Nada de lo que te suceda a ti, bueno o malo, no le ha sucedido antes o le sucederá después a otros seres humanos, aunque las circunstancias y los protagonistas sean diferentes.

No eres ninguna víctima de la vida, menos aun si estás leyendo este libro: este acto sencillo te ubica, de hecho, en la mitad mejor tratada del planeta. ¿Cómo ves?

Enójate si quieres por lo que te sucede, y logra que ese enojo no sea una energía desperdiciada sino un impulso para mejorar, para modificar la situación que te pesa. Aunque el enojo tampoco te va a servir de mucho. Lo único que sirve es observar y analizar lo sucedido sin pasión alguna, lo más objetivamente posible, y sin culpar a nadie: ni a ti ni a nadie.

Todos deberíamos leer el Libro de Job en la Biblia, es sin duda de un contenido bellísimo, estremecedor y lleno de respuestas sobre el sufrimiento y el gozo de la vida.

En el libro, Yahvé somete a Job a mil calamidades para probar su fe. Pasadas todas sus desgracias, Dios lo recompensa con creces.

Si no eres creyente, no pienses en Dios, piensa en la Vida, imagina que es la Vida la que te pone a prueba, y con el tiempo, si no te vences, te recompensará.

Nada en la vida es estático, todo está en movimiento, por eso incluso el amor cuando se vuelve rutina, cuando no se mueve, no se alimenta, se diluye, desaparece.

Cuando te victimizas o te compadeces lo único que estás logrando es que los demás sientan lástima por ti. ¿Eso te gusta? ¿Te gusta oír "ay, cuánto sufre fulanito, fulanita, pobrecita"? ¿Quieres que tus hijos digan "ay, pobrecito de mi papá, pobrecita de mi mamá"? ¿Y que te vean con miradas tristes y lastimosas a ti que debieras ser su ejemplo y su fuerza? Y compadecerse uno mismo acaba por causar más dolor sin solucionar nada.

No, déjate de tonterías. Analiza las razones de tu situación y además, aunque no te guste y aunque se rebele y patalee tu ego te vas a dar cuenta de que en la mayoría de los casos la responsabilidad es simple y sencillamente tuya. Por eso está en tus manos cambiar, mejorar o solucionar el problema, o simple y llanamente dejarlo atrás sin hacer aspavientos.

**6.-Huye de los pensamientos negativos.**

Hay muchos libros que hablan de eso con mucha mayor autoridad de lo que lo puedo hacer yo, sólo te diré que los pensamientos negativos los generamos nosotros, son siempre producto de nuestra imaginación, no son realidades., a nuestro ego le encanta que nos enganchemos en ellos. Deséchalos en cuanto aparezcan, sólo crean temor, generan ansiedad, acentúan la incertidumbre porque no es la incertidumbre natural de la existencia sino una incertidumbre que tú generas con tu imaginación y que carece de fundamento. Aprende a nunca preocuparte antes de tiempo. Eso no significa ser indolente o irresponsable; no te debes de preocupar por algo que *todavía* no ha sucedido. Claro, si sabes que tienes que pagar x cantidad de dinero en un mes te debes de ocupar de tenerlo. Pero no angustiarte. No te preocupes nunca por lo que pueda ser inevitable ni des por hecho cosas o acontecimientos que no han sucedido. Como decía Perogrullo, mi filósofo preferido: las cosas suceden cuando suceden, y así pasa cuando sucede. ¿Mientras tanto?

Nuestra imaginación puede irse de carrete si no le ponemos un freno, y si nos creemos lo que nos imaginamos es posible que nuestra conducta se oriente en esa dirección aunque sea un error.

Es mejor manejar con precaución en la carretera a pensar constantemente que puedes tener un accidente. Es mejor hacer sentir tu amor a un hombre o una mujer que estar imaginando qué sucede si te rechaza.

## 7.- No te culpes.

Los sentimientos de culpa son muy autodestructivos. Acuérdate que eres humano, por lo tanto no eres perfecto. Y cualquier cosa que hayas hecho, ya está hecha, pertenece al pasado que es absolutamente irrecuperable. Lo más que puedes hacer, con la cabeza fría, con serenidad, es intentar enmendar tu error; si ofendiste a alguien, sólo puedes pedirle perdón y darle una explicación.

En occidente estamos educados en la culpa y el castigo. Tales sentimientos proceden de la formación judeo cristiana que recibimos por nuestro entorno familiar, social y nacional; no importa si eres ateo, esos sentimientos encontrarán alojamiento en ti si lo permites, y te harán mucho daño.

Ahora, si eres creyente confía en que Dios no te va a castigar. Aquí se pagan los errores como tales, se pagan en la vida diaria, en la cotidianidad. La vida es una constante de prueba y error, así aprendemos, es la única forma. Pero no hay castigos externos.

Con la culpa nos castigamos nosotros mismos, eso en sí mismo no cambia nada, sólo nos hacemos daño; muchas personas llegan a autodespreciarse. ¿En qué se ayudan con eso? El autodesprecio no lleva a nadie a ser mejor, la única forma de serlo es intentándolo cada día, con uno mismo y con todas las personas que sea posible.

Aprende a pedir perdón a los demás y a perdonarte por tus errores. Así como la culpa es una prisión que oprime, que entorpece, el perdón es siempre liberador. Y de nada sirve que te perdonen los otros si tú no te perdonas a ti mismo.

## 8.- Aprende y sorpréndete.

No renuncies nunca al aprendizaje ni a la curiosidad. El conocimiento está lleno de sorpresas, de hechos asombrosos, de realidades a veces inimaginables.

No, no me refiero a que tengas que estudiar metodológicamente toda tu vida, no, me refiero a una búsqueda con libertad, como si fuera un juego. No te concentres en tu especialidad, ábrete a otros conocimientos. Interésate por el mundo al que perteneces, por el planeta en el que vives, por el Universo en el que nos movemos día a día, minuto a minuto.

Nunca es tarde para acercarse a la música de concierto. Si la escuchas realmente, si te echas en un sillón, cierras los ojos y te pones a escucharla sin hacer otra cosa, poco a poco descubrirás que Lizt, Debussy, Brahms, Tchaikovsky, Mozart, Beethoven, Haendel, Vivaldi, Chopin, en fin, escribieron una música maravillosa que agrada y fortalece a tu espíritu.

No tiene que dejar de gustarte la otra música que siempre has escuchado, únicamente date la oportunidad de escuchar la clásica, de concierto, si no lo has hecho con verdadera atención.

Interésate un poquito por la buena pintura; acércate a semblanzas de los grandes pintores y contempla sus obras detenidamente – cada una que te llame la atención obsérvalo por lo menos 5 minutos- y verás qué emoción tan grata te va a causar. Puedes empezar por los Impresionistas y por los más importantes del Renacimiento. Luego, no rechaces a priori el cubismo de Picasso y Braque, o el arte abstracto como el Pollock o de De Koning o Caldwell: ábrete, abre tu espíritu.

Mucha gente ve el cielo de noche y se asombra de tantas estrellas, pero muy poca intenta saber sobre ellas, sobre las galaxias, sobre toda la infinita grandiosidad y complejidad del Universo que nos rodea. No eres ajeno a él, por favor entiéndelo: tú estás hecho de los mismos "ingredientes" químicos que tiene cada objeto del universo.

## 9.- Agradece.

Agradece todos los días tu existencia, la luz del sol, los colores de la naturaleza, lo que se te ha dado en la vida, tus padres, tus hijos, tu familia, tus amigos; el agua que te limpia.Todos tenemos algo que agradecer siempre.

Al agradecer por las mañanas te vas a sentir mejor, te prometo que eso cambiará tu estado de ánimo. Si tienes muchas preocupaciones de todos modos agradece, como te digo, siempre hay qué agradecer.

Hazlo de corazón, en voz alta. Agradécele a Dios, o a la energía del universo, a tus padres, agradece a quien tú creas que debes hacerlo, sólo hazlo. Te vas a sentir muy bien conforme lo hagas, y te vas a ir dando cuenta, paulatinamente, de todo lo que tienes que agradecer en tu vida.

## 10.- Disfruta la soledad.

Vivimos en una sociedad donde todos le temen a la soledad. ¿Cuántas veces no has escuchado eso de "pobre, está muy solo"? Sí, en el Génesis el propio Jehová dijo "No es bueno que el hombre esté solo", y por eso creo a la mujer. De acuerdo. Aun así, unas buenas temporadas de soledad hacen bien. Tienes mucho que aprender de ella y con ella.

En el mundo moderno todo pareciera estar contra la soledad y paradójicamente cada vez tenemos seres más solitarios. Son seres que al no encontrarse a sí mismos en la indispensable solitariedad, intentan rellenar los vacíos de su soledad huyendo de ella, y por eso acaban siendo tristemente solitarios.

Todo es ruido y bullicio; cien posibilidades de diversión; una publicidad que muestra la felicidad idílica de la compañía.

Inconcientemente, puede ser que hasta el amor sea sólo un pretexto, una racionalización para no estar solos.

Mientras no aprendas a estar contigo mismo no sabrás estar plenamente con los demás.

La mente y el espíritu necesitan espacios y momentos de aislamiento. Además, si te ha tocado estar solo, vivir solo, no tener pareja, es importante que sepas aprender y comprender la vivencia, que, como todo, será temporal.

Si te dejas llevar por un sentimiento negativo de soledad cometerás muchos errores contigo mismo, con tus amigos, en tu afán de evitar esa soledad.

Permite que tu soledad fluya, encuéntrale el gusto, la paz que te puede otorgar; las posibilidades que te ofrece para llevar a lo más profundo tu mirada sobre ti mismo.

Sólo la soledad sana conduce a la compañía sana.

**11.- Ten sentido del humor y diviértete.**

Por favor, no te tomes tan enserio, no vale la pena, ríete de ti mismo, ríete de tus equivocaciones, de tus errores, no permitas que tu ego se siente en un trono y desde ahí te controle. Aprende a bromear sobre ti mismo, sobre tus circunstancias.

No creas que los demás te respetarán porque eres serio, seco, engreído, fatuo. Quizá lleguen a tenerte miedo; nada de eso sirve para el respeto.

Si no eres capaz de reírte de ti mismo, estás frito en la vida, tu carga será demasiado pesada.

Y diviértete lo más que puedas. Hay que gozar la vida con alegría, con confianza en ti mismo, con confianza en el amor tuyo y de los demás.

¿No tienes sentido del humor? Pues ve y consíguetelo, no sabes de lo que te estás perdiendo.

Sentido del humor no es reírse de chistes babosos u ocurrencias vulgares; es saber reírse de uno mismo.

Además, intenta acercarte a tu propia creación artística, a divertirte de una manera diferente. Las posibilidades de creación artística las tenemos todos, en una u otra expresión. Nunca es tarde para empezar a obtener ese gozo. Que no nos detenga la admiración por quienes lo hacen o creemos que lo hacen bien, nada de caer en comparaciones ni decir "ya para qué". ¡Pues para empezar, igual que ellos: para ti mismo! Que esa admiración hacia otros se vuelva precisamente un estímulo. Todos podemos cantar o bailar, pero intenta dibujar, pintar, hacer escultura, creación en cerámica, tocar un instrumento, en fin, lo que se te antoje. ¡No temas, no te detengas!

## PARA SABERTE MEJOR

*¿Por qué arrancarme a mis horas*

*pálidas y azules?*

*¿Por qué arrastrarme al torbellino*

*y la confusión destellante?*

*No quiero ver más vuestra locura.*

*Quiero, como un niño, enfermo en su cuarto,*

*solitario, con una sonrisa secreta,*

*levantar días suavemente, y suavemente ensueños*

**¿Por qué arrancarme a mis horas…?**

**Rainer Maria Rilke**

No nos sabemos, tan sólo nos creemos, que es muy distinto. No tomamos conciencia de quiénes y cómo somos, ni siquiera tomamos conciencia de nuestro cuerpo salvo cuando se enferma.

Y generalmente tenemos una idea equivocada de nosotros mismos por lo que, con frecuencia, tenemos una idea equivocada de los demás.

Tenemos que sabernos, no suponernos; prestarnos atención a nosotros mismos. Somos impulsivos y poco nos escuchamos los mensajes que nos manda el cuerpo, el corazón, el alma. ¿Cómo vamos a escucharnos si no sabemos estar con nosotros mismos, si nuestro día está "completo" del amanecer hasta que vamos a la cama?

Pensamos en lo que deseamos lograr, en lo que queremos, en la persona que nos acompaña, en lo que no tenemos... Nada de esos *somos* nosotros, por eso no pensamos en nosotros.

**1.- Pregunta, pregunta, pregunta todo lo que puedas sobre tu historia familiar.**

Pregunta a tus padres, a tus abuelos, que ellos te cuenten a su vez sobre sus padres y sus abuelos. Te dará mayor sentido de pertenencia, comprenderás mejor tus orígenes, tendrás más herramientas para comprender a tus padres.

Ten presente que cuando nuestros padres mueren se va con ellos una parte de la memoria de tu vida que ni siquiera está en las fotografías o videos por más que te hayan tomado muchos.

Preguntar y recordar es una forma de mantener la tradición familiar, de tener una historia oral.

Sucede que a nuestra propia vida es a lo que menos atención le vamos prestando, la vivimos de manera natural, día a día sin tomar conciencia de que es única e irrepetible, como lo son sus antecedentes.

Soleemos creer que eso sólo lo puede hacer la realeza, los aristócratas, los dueños de fortunas de familia, los detentadores de títulos nobiliarios, los ricos y poderosos. Ellos, como nosotros, tuvieron parientes buenos, malos y regulares, canallas algunos, insensatos otros, lúcidos y generosos unos, obtusos otros, unos tontos y otros inteligentes, todo igual que nosotros, y no puede ser de otra manera porque tanto sus parientes como los nuestros son seres humanos.

Y lo paradójico es que muchas veces ese conocimiento nos ayuda a conocer mejor nuestra propia personalidad, nuestra forma de ser. No lo desperdiciemos.

Cada ser humano es un personaje único en la historia del mundo. ¿Te das cuenta? No importa la fama, la riqueza o el origen, eso es otro asunto, lo importante es que todas las vidas son únicas.

Asume completamente el valor y la importancia de tu propia existencia.


**2.- Aprende a observarte para que te puedas conocer y *sentir* mejor.**

No analices, sólo siente cuando te veas a ti mismo. ¿De verdad te gusta esa ropa o te la pones para tu imagen? ¿De verdad haces lo que te gusta o lo que *debes* hacer? Tienes que interiorizar lo que eres y para interiorizar lo que eres tienes que descubrir lo que realmente eres y no lo que crees ser, quisieras ser o los demás creen que eres.

No eres lo que te imaginas ni lo que los demás se imaginan. No somos el título universitario que tengamos ni el trabajo que hacemos, eso es sólo un añadido. En nuestra propia visión estamos llenos de maleza, de broza que nos impide vernos a nosotros mismos y por lo tanto aceptarnos en plenitud como *somos*.

El que alguien nos haya hecho creer que somos tal o cual cosa no es excusa para que no busquemos quiénes somos en verdad, en nuestra más profunda, completa, única y solitaria verdad.

**3.- Reconoce y acepta tus defectos y tus cualidades.**

No hace falta que nadie te diga tus defectos si eres lo suficientemente honesto contigo mismo, si no tratas de justificarte en todo y de todo ante ti y ante los demás. Tienes muchos defectos, no hay remedio, así es, acéptalo, no eres ni mejor ni peor que nadie. Ah, y también tienes muchas cualidades que, para colmo, tampoco te sabes reconocer. Con frecuencia crees que tienes una cualidad donde lo que hay es un terrible defecto, y viceversa.

Ah, pero también tienes que estar plenamente consciente de tus cualidades, aceptarlas y sacarles un provecho sano y creativo, disfrutarlas sin engreimiento alguno, sin soberbia.

Por lo general las personas están más dispuestas a ver los defectos que las cualidades del otro, pero eso no debe importarte. Las cualidades son permanentes, los defectos no.

Así que tampoco critiques, deja eso para quienes no tienen otra cosa de qué ocuparse, para quienes tienen una vida tan vacía que sólo encuentran fuerzas para seguir adelante criticando a los demás, sintiéndose mejores que los otros.

**4.- No te engañes a ti mismo**

Analiza el por qué haces las cosas, aun las buenas acciones. ¿Las haces porque realmente quieres hacerlo, porque lo sientes dentro de ti o porque te generarán otro beneficio? Haz las cosas buenas sólo por sí mismas: no las enturbies con otros intereses.

Analiza y reconoce tus errores. No te aferres a tu autojustificación o a tener la razón. Si lastimaste o heriste a otra persona tienes que reconocerlo y aceptarlo, de lo contrario lo volverás a hacer una y otra vez con ella misma o con otra.

**5.- No intentes ser quien no eres.**

Aléjate del fracaso que eso significa, el fracaso más grande de todos. Ese intento proviene de una presión social, de los deseos de otros sobre ti, no de tu más pura esencia.

Una vez que descubras bien quién eres podrás iniciar un camino que sin duda te llevará a ser mejor, y sólo el recorrerlo te hará sentir muy bien contigo mismo. Todo lo externo son costras, maleza, nada de eso es uno, mucho menos somos el pensamiento de otro.

Sólo tenemos que darnos gusto a nosotros mismos, no a los demás. Esto no lleva al egoísmo, al contrario; mientras intentamos ser quienes no somos, supuestamente para ser aceptados, no estamos dando nada de nosotros mismos, nos mentimos y damos mentiras.

Si buscamos aceptación pretendiendo ser lo que no somos, estaremos logrando que acepten a alguien que no es en realidad, a una máscara medianamente bien hecha, pero un día se acaba descubriendo la verdad.

No partas de engañarte a ti mismo para engañar a los demás. No busques una aceptación falsa.


**6.- El éxito y el fracaso sólo viven en tu interior.**

Acepta los elogios sinceros, son una dádiva, créelos… en su justa dimensión. Por más que lo diga tu mamá no eres perfecto ni grandioso, ni maravillosa ni etérea, aunque sí eres una maravilla del universo, al igual que, hoy, otros 6 mil millones de seres humanos. Como sea, los elogios nunca caen mal, si son sinceros, por supuesto; son palmaditas, pequeños rayos de luz que nos llegan del exterior, que nos reafirman en el camino que hemos seguido. Sólo hay que seguir adelante, nada está concluido nunca. Ningún elogio sustituye al siguiente paso.

Antes de buscar el éxito piensa un poco en qué significa realmente, y si ese éxito vendrá de adentro de ti o de afuera.

Antes de llorar o enojarte por tu fracaso piensa un poco en qué significa realmente, y si ese fracaso proviene realmente de tu interior o de la apreciación de los demás.

Si buscas el halago tienes que estar preparado a recibir también la crítica, porque siempre van de la mano, así que no te tomes tan en serio ni uno ni otra.

El ego decide nuestro éxito y nuestro fracaso, cuando en realidad ambos, como le dijo Rudyard Kipling a su hijo en una carta "son igual de impostores". Y tanto la noción de éxito como la d fracaso son concebidas e impuestas por la sociedad. Cuando tenemos "éxito" es el que la sociedad admira; cuando tenemos "fracaso" en vez de analizar lo que realmente sucedió sentimos el fracaso como lo juzga la gente, la sociedad. Todo es un vil engaño. ¡Y no nos damos cuenta!

Sé muy bien que hay profesiones para las cuales el reconocimiento externo es especialmente importante: los artistas, los científicos, los escritores. Cualquiera me puede argumentar que mientras no es reconocido no es nadie, es como si su trabajo no importara.

Sin embargo, el reconocimiento que anhelamos tiene que venir fundamentalmente de nuestro interior. Mientras no sea así, el otro no se va a dar o al menos no como debería.

Si tú no reconoces tu éxito interior y te alegras de él y lo disfrutas difícilmente alguien más va a reconocer los otros aspectos. Todos, de una u otra manera, transmitimos lo que somos. Si estamos ansiosos del reconocimiento externo lo evidenciamos y los demás lo perciben como un defecto, como muestra de inseguridad o de arrogancia (dos conductas que casi siempre van de la mano).

Mientras no tenemos éxito interior no tendremos el otro, y cuando tengamos el primero, el segundo llegará solo, sin que lo busquemos, por la fuerza de nuestra autenticidad, y no tendrá mayor importancia: nuestro éxito interior es duradero, el otro no.

Y mientras no veamos interiormente como fracaso algo que hicimos o que no hicimos, no va a importar nunca lo que piensen los demás. Tendremos adentro la suficiente fuerza para seguir adelante y alcanzar otro éxito.

Nosotros tenemos que escoger cuáles son nuestro éxitos y valorar muy bien qué tanto fracasamos; nosotros, no los demás.

**7.- Exígete lo importante y ten indulgencia contigo mismo.**

Conoce tus límites y acéptalos. Nadie, salvo tú, te está exigiendo esto o aquello, y si alguien te exige algo más de lo que puedes dar o hacer, no hagas caso, defiéndete, defiéndete.

Exígete hacer todo lo que esté en tu mano; exígete compromiso contigo mismo, primero que nada; después exígete tener inspiración, comprensión, paz, sueños, solidaridad. Eso es todo lo que te debes exigir, y si lo asumes dejará de ser exigencia para convertirse en una forma de vida.

Déjate de frases celebres tan utilizadas sobre todo en el deporte: tan desafortunadas unas como otras: "haremos hasta lo imposible para ganar". Eso es mentira: nadie hace lo imposible, nadie hace lo que no puede, nunca.

Lo más importante es ganar, eso todos lo sabemos; si no puedes lograrlo habiendo hecho todo lo posible, lo que estaba en tu mano, no tienes la menor razón para sentirte mal, no perdiste; quizá ante los otros, no ante ti mismo, que es lo verdaderamente importante. Ya habrá otra oportunidad, ten la certeza porque así es.

**8.- Aprende por qué no te agrada el otro.**

Cuando alguien no es de tu agrado, obsérvalo detenidamente, sin prejuiciarte, sin razonar. Encontrarás aspectos que no te gustan de ti y por eso los rechazas. Tienes que aprender a ver al otro sin tener miedo a lo que descubras. Ese miedo lo puedes ocultar o distraer haciendo bromas hirientes o agresivas sobre esa persona, criticando su proceder, en fin, hasta su forma de vestir. Intenta un día dejar de lado todo eso, míralo sin bromas, sin enojo, sin molestia, simplemente observa. Te puedes llevar un susto… que te ayudará mucho.

**9.- Acéptate como cuerpo y espíritu.**

No confundas esto con sentimiento religioso. Hay quienes creen que enriquecer el espíritu es meramente practicar más o menos la religión; no es así: eso es simple y llanamente practicar la religión, aunque algunos elementos de esa práctica puedan dar cierta riqueza espiritual.

Es importante conocer, reconocer, y alimentar tu espíritu, sobre todo en soledad. Tienes que tener un gimnasio para tu espíritu.

## 10.- No cargues con el pasado

En todas sus manifestaciones, el pasado ya pasó, no hay nada que hacer. No cargues con él ni en espíritu (recuerdos, dolores) ni en cuerpo (objetos). Aprende a deshacerte de todo. Ten un desván que sólo lo abras para echar en él todo lo pasado y no vaciarlo nunca, cuanto más arrumbes ahí, mejor.

No te apegues a las cosas, son sólo eso, cosas. Ese apego impide, entorpece la renovación.

Siempre, cuando nos cambiamos de casa u oficina y empezamos a empacar descubrimos un montón de cosas que ni recordábamos. Las guardamos un día "por si la necesito...", "porque fue de cuando...", "porque era de mi...". ¿Las has necesitado, las quieres? ¡Claro que no! Olvídate de todo. Lo importante es hoy, el presente continuo que un día se torna futuro para ser presente un instante e inmediatamente volverse pasado. Sólo hoy importa. No seas sentimental con las cosas, son un lastre. Sobre todo deshazte de aquellos recuerdos y objetos que te causen tristeza y nostalgia. Por ejemplo, las fotografías no tienen sentido si tu presente es rico y feliz y te importa (no hay que ser tan drásticos, entiendo que todos guardemos alguna foto de nuestros padres o nuestros hijos, eso es comprensible).

Siempre que puedas cambia de muebles en tu casa; lo ideal es hasta cambiarse de casa; hay que estarse renovando. Todo cambio es principio, una nueva aventura, un nuevo inicio. ¿Qué es eso de tener muebles para toda la vida? ¡Qué aburrición!

Deshazte hasta de los libros (mira que te lo dice un escritor y apasionado de la lectura). ¿O qué, piensas crear una gran biblioteca que sea tu herencia a la posteridad? ¡Dona tus libros a las bibliotecas que ya existen, en muchos pueblos buena falta les hacen! Sólo quédate con aquellos que son verdaderamente entrañables. Lo mismo con los discos y las películas… y todo lo que acumulamos. ¿Sabes por qué acumulamos? Para darnos seguridad. Pero te tengo una mala noticia: las cosas no san seguridad, a veces incluso te la quitan, como los recuerdos malos que acumulas.

Deja atrás los dolores del pasado; deja atrás los malos recuerdos, no los recrees, no los traigas a tu presente, no recuperes el dolor o la tristeza del pasado. Lo única que importa es el presente, lo que estás viviendo. El pasado ya se fue y el futuro ni siquiera sabemos si llegará.

## PARA ENFRENTAR LOS MIEDOS

El miedo es un sentimiento que todos conocemos, quizá más que ningún otro. Pero sabemos que hay dos clases de miedos: el físico y el mental o sicológico. El físico es el más antiguo de todos, ha acompañado al hombre desde hace decenas de miles de años y está vinculado con la realidad a la que puede temer. Para enfrentar ese miedo, el ser humano cuenta básicamente con su cuerpo; en cuanto lo percibe se alerta, los músculos se tensan, la adrenalina se produce más rápidamente. La experiencia nos ha enseñado que cuando nos mantenemos en calma ante el peligro podemos razonar mejor y enfrentar el miedo que nos causa; tenemos más posibilidades de salir adelante que si nos dejamos llevar por el pánico y convertimos el miedo en terror. Este miedo siempre es pasajero y estamos preparados para afrontarlo.

El otro miedo, el sicológico es más difícil de identificar en sus amplias manifestaciones y también más difícil de vencer. Es un miedo con múltiples cabezas. Se enraíza en nuestra infancia y adolescencia, y para hacerlo a un lado aprendemos a desarrollar diversos mecanismos de defensa que van también formando parte de nuestro propio yo, de nuestro ego. El ego razona a su conveniencia y comodidad porque su mayor deseo es estar siempre en una situación que pueda manejar sin conflicto. Lo desafortunado es que esos mecanismos pueden llegar a impedirnos tanto el pleno goce de la vida como nuestro desarrollo personal cuando nos dejamos llevar por ellos y actuamos de acuerdo a los dictados del ego, que siempre se mueve en terrenos pantanosos e insanos.

La mayoría de las veces no lo sabemos, pero es común tenerle miedo al abandono, al amor, al fracaso, al éxito; le tenemos miedo a los extraños, a los más ricos o a los más pobres, a los diferentes, le tenemos miedo al ridículo, a las opiniones de los demás, y no nos atrevemos a aceptar esas situaciones como expresiones del miedo porque, según nuestro ego sería un síntoma de debilidad... y también tememos ser débiles o parecerlo.

Si le tenemos miedo al abandono nuestras relaciones amorosas o de pareja se vuelven dominantes, posesivas, hasta asfixiantes: no podríamos tolerar que nos dejara el otro.

Si le tememos al amor, le tememos al compromiso, al supuesto sacrificio de nuestra libertad; somos egoístas, limitamos o anulamos nuestra capacidad de dar, etc.

Si le tememos a la opinión externa –me refiero a que no sea favorable- es por nuestra inseguridad, porque no encontramos en nuestro interior la fuerza suficiente para conducir nuestra vida y tomar nuestras propias decisiones. Nos guiamos por el famoso "qué dirán".

Podemos temerle al éxito porque también implica responsabilidades, nos quitaría una buena carga de quejas sobre los otros –y nos gusta quejarnos y hacernos víctimas-, porque nos enseñaron que el éxito puede hacer malas a las personas, en fin, hay muchas razones. Y obviamente también le tenemos miedo al futuro, cuando ni siquiera sabemos si existirá; le tememos a la incertidumbre que forma parte de la vida, quieras o no.

Todos los miedos tienen orígenes identificables y explicaciones. Una vez que somos conscientes está en nuestras manos elegir si queremos permanecer con ellos o vencerlos para siempre, en la medida de lo posible. Sin duda, cuanto más avancemos en la lucha contra nuestros miedos sicológicos seremos más fuertes, más sanos, más felices.

Los miedos son una prisión, unos guardias de seguridad severos que aprisionan el alma, el espíritu, que pretenden someter al individuo. Nuestro ego los deja ser porque él se siente cómodo con ellos, no tiene que esforzarse y nos ha creado cualquier cantidad de fantasías para darnos la razón. Pero suele estar equivocado.

¿Cómo se pueden vencer los miedos? Dará aquí algunas propuestas, lo demás, como en todo lo que contiene este libro, es trabajo personal. Recuerda que no hay recetas mágicas, conjuros salvadores: todo es trabajo y determinación.

**1.-Escucha tu voz interior.**

He comentado que todos tenemos una voz por dentro que nos dice la verdad, pero tenemos que aprender y querer escucharla. Esa voz que es de nuestra más profunda y pura esencia no se engaña ni nos engaña. Esta voz es por eso valorada por siquiatras, sicólogos, terapeutas de la conducta. Existe y está a nuestro servicio.

**2.- Procura dedicar un rato al día para repasar tus acciones.**

Hacerlo te ayudará a encontrar manifestaciones de conducta originadas en el miedo. Encontrarás tus reacciones ante comentarios, ante la posibilidad de salir con una persona nueva en tu vida, ante el nuevo o la nueva que llegó a tu trabajo, ante el extranjero que te abordó o viste en la calle, ante el trabajo que pudiste haber hecho mejor, etc., etc.

**3.- Todos los días, hasta que lo logres, pregúntate a solas a qué le tienes miedo.**

Al hacerte la pregunta tú, sin duda alguna, irás descubriendo esos miedos, no hay vuelta de hoja. Es sólo partir de la aceptación de que los tienes. Ahora, si eres de los que dice que no le tiene miedo a nada, perdón, pero estás aterrado, tanto que tus miedos se han escondido en una gran coraza de arrogancia y prepotencia que, a fin de cuentas, se rompe, y con gran frecuencia.

**4.- Encuentra las causas originales de tus miedos.**

Aunque tu ego se haya ocupado de disfrazar u olvidar las causas de tus miedos, si les buscas tantito en tu memoria las vas a encontrar, las vas a recordar. Puedes saber muy bien qué te daba miedo en la escuela o al regresar a tu casa; personas que te causaban desconfianza o miedo; quizá alguna humillación delante de otras personas, o un reproche de tus padres, en fin. Las encontrarás.

**5.- No temas el abandono porque si lo haces lo más probable es que lo acabes logrando.**

Hay personas que tienen tanto miedo al abandono y al amor que antes que sufrir una pérdida que no puedan controlar hacen todo lo posible, aunque sea inconscientemente, para que el abandono, la ruptura, el alejamiento llegue, pero bajo su control, y así sólo refuerzan su miedo.

Cuanto más demandemos menos obtendremos, si agobiamos, sólo ahogamos al otro.

**6.- No temas al fracaso.**

Si te dejas llevar por ese miedo nunca lograrás nada de lo que realmente quieres, vivirás en la mediocridad. El mediocre es el rey de los miedosos, el que no arriesga nunca nada y finalmente siempre acaba perdiendo. El miedo también genera parálisis. Acuérdate que los científicos siempre trabajan en prueba y error, hasta que un día desaparece el error y llega el acierto pleno.

**7.- No temas a ser mejor o a tener más de lo que tus padres lograron.**

No te solidarices con ellos en sus pérdidas o carencias (me refiero a sicológicamente, no materialmente que es muy distinto). Si tú tienes opción de tener o acceder a algo bueno de lo cual ellos carecieron, tómalo, la vida te lo está dando.

**8.- No le temas al éxito, cualquiera que sea tu concepción de él.**

Mejor analiza bien qué sería para ti el éxito. Tienes todo el derecho a buscarlo, a perseguirlo, incluso a obtenerlo, pero si dudas –que la duda puede ser una trampa del miedo- te será mucho más difícil alcanzarlo. No pienses en los obstáculos, siempre tan imaginarios; piensa en la satisfacción que te da buscar lo que pretendes. No temas, sólo insiste en lo que quieres.

**9.- No aceptes que te metan miedo, mejor razona y decide.**

En las sociedades actuales, los publicistas  y los fabricantes de objetos luchan a toda costa por endilgarte cosas para que supuestamente tengas éxito, te distingas, se note tu modernidad, etc. etc, puras mentiras. No hay objeto alguna que *haga* a una persona. De igual forma, todos los gobiernos inculcan miedo permanentemente: esto engorda, aquello te puede causar cáncer, de esto o de lo otro te puedes morir, si no haces esto serás más feliz, no comas aquello, tal enfermedad se está expandiendo, te puedes morir en un acto terrorista, la epidemia te va a alcanzar, en fin, todo el tiempo escuchamos y vemos propaganda de esa naturaleza. Pero nadie realmente asume la responsabilidad de educar al respecto, de enseñarte claramente cómo evitar esos supuestos males. Quieren que reacciones por miedo. Y así, cada día, hay seres humanos más miedosos a un sinfín de cosas, pero ten presente que un miedo lleva a otro. No te dejes: analiza, investiga por tu cuenta, razona, deduce. No actúes bajo el impulso del miedo creado. Los nuevos miedos te reafirman los que ya traías contigo.

Recuerda que el miedo hace más manipulable al ser humano.


**10.- No huyas de tus miedos, sólo enfrentándolos podrás debilitarlos y domarlos.**

Una vez que los hayas identificado tienes que desmenuzarlos, verlos con serenidad, saber por qué te han acompañado. Si simplemente intentas ignorarlos y hacerlos a un lado, volverán siempre porque nunca se dan por vencidos. En realidad, tú eres el origen de todos tus miedos.

# PARA ENSEÑAR

*Enseñar con seriedad es poner las manos en lo que tiene de más vital un ser humano (...) un maestro invade, irrumpe, puede arrasar con el fin de limpiar y reconstruir. Una enseñanza deficiente, una rutina pedagógica, un estilo de instrucción que concientemente o no, sea cínico en sus metas meramente utilitarias, son destructivas. Arrancan de raíz la esperanza.*

**Lecciones de los Maestros**

*George Steiner*

Creo que existen muchas similitudes entre el Maestro y el Jefe. En términos reales ambos enseñan y orientan; ambos son responsables de quienes confían en ellos, en un caso los alumnos y en otro los subalternos, que para el caso es lo mismo.

Enseñan cosas diferentes, ciertamente. Uno incide en la formación intelectual, educativa e incluso emocional de los alumnos; el otro incide en la capacidad de ofrecer resultados, en la forma de trabajar y también en aspectos emocionales de sus subalternos.

Un mal maestro puede destrozar muchas vidas a lo largo de su trabajo profesional. De hecho creo que hasta ahora los malos resultados educativos se deben en buena medida a los maestros.

Los centros educativos de excelencia en todo el mundo tienen un altísimo porcentaje de maestros excelentes, por lo tanto la mayoría de los alumnos obtienen buenos resultados, avanzan, utilizan su imaginación etcétera.

Un mal jefe puede realmente poner en crisis a un subalterno, hacerle garras la existencia cotidiana en el trabajo, causarle daño emocional.

Un mal Maestro y un mal Jefe tienen poder sobre los alumnos y los subordinados, pero no tienen autoridad; la autoridad la da el conocimiento amplio, la solidez moral, la capacidad de comprensión de los otros.

Una gran mayoría de jefes llegan a serlo, en todo el mundo, sin tener ningún mérito más que las relaciones, la capacidad de intriga, de destrucción de los otros, con la imaginación de la ambición, con la mezcla pérfida de la arrogancia con unos y la sumisión con otros. Quizá un día se les descubra el juego y su incapacidad; mientras tanto en el camino habrán hecho mucho daño, sobre todo a seres humanos.

Muchos maestros si tuvieron vocación la pierden en el camino; hacen su trabajo rutinariamente; se dejan llevar por el menor esfuerzo; no siguen aprendiendo, creen, como los jefes imbéciles, que no tienen nada que aprender de los alumnos; se preocupan más sus prestaciones y los días de asueto que por vivir lo que debiera ser la pasión por la enseñanza.

Un maestro rutinario y aburrido ni enseña ni se gana el respeto; se daña a sí mismo y daña a sus alumnos.

Un jefe mediocre es una desgracia para el lugar donde trabaja, y sobre todo para quienes dependen de él en la estructura

Ah, en cambio los buenos jefes y los buenos maestros son otra cosa. Y afortunadamente, aunque sean los menos, los hay, y los recordaremos siempre con agradecimiento y una sonrisa.

**1.- Enseña y dirige con pasión.**

Si lo vemos fríamente, es uno de los trabajos más apasionantes que pueda haber. En el caso de enseñar es motivar, abrir nuevos horizontes, propiciar la curiosidad, la búsqueda, generar dudas e inquietudes entre los alumnos, desde los más pequeños hasta los más grandes.

En el caso de encabezar a un equipo se trata de transmitirles la pasión por el trabajo, motivarlos a pensar y a solucionar problemas por cuenta propia; encontrar la fórmula para tener logros conjuntos; ser capaz de formar un equipo sólido, integrado, todo eso más allá del trabajo en sí mismo.

Tener la oportunidad de enseñar y ser jefe es maravilloso, es algo que nunca se debiera hacer de manera rutinaria, inercial, acomodaticia; aprende a crear constantemente con los otros, sean alumnos o subordinados.

Lástima que hay muchas personas que en cuanto son jefes se sienten superiores. Es una pena.

**2.- Enseña y dirige con paciencia.**

Enseñar y dirigir no es imponer. Trata de ir llevando a tus alumnos o a tus subordinados por los caminos más interesantes.

Ten paciencia para no caer en la urgencia de decirles cómo se hace; tan sólo guíalos al resultado mejor.

Si se equivocan no te impacientes. A volver a empezar. Si eres maestro, estás para enseñar; si eres jefe, estás para enseñar; por algo eres maestro jefe, si es que realmente te lo has ganado por tus méritos.

**3.- Enseña y dirige con amor.**

Quienes hemos tenido la oportunidad de aprender con alegría, debemos saber enseñar y conducir con alegría.

No temas nunca los cuestionamientos de tus alumnos o de tus subordinados. Si te cuestionan es que, en parte, has sabido cumplir con tu responsabilidad.

Goza su aprendizaje, goza sus afanes de autoafirmación. No caigas en la mezquindad ni en la inseguridad.

Encuentra tus propias formas, ni siquiera luzcas que estás enseñando, sobre todo a los que diriges; hazles sentir que confías en ellos, que sabes que lo pueden hacer.

Ayuda, entrégate a que aprendan, a que el día de mañana ellos también sepan ser maestros, jefes, incluso mejores que tú.

Fortalécelos con una actitud amorosa, no les haga daño con autoritarismo, con un mal entendido ejercicio del poder.

**4.- Logra que los alumnos y los subordinados se interesen por lo que el jefe y el maestro se interesa.**

Sí, en ambos casos tienes que saber más que ellos; eso no significa presumirlo ni embarrárselos en la cara, ni ufanarte. Mejor condúcelos a donde te interesa, en el caso de los alumnos por el bien de su aprendizaje; en el caso de los subordinados, por el bien del trabajo y del crecimiento de ellos como personas.

Las cosas no son importantes porque se *dice* que lo son sino porque se *demuestra* que lo son.

**5.- Busca siempre nuevos caminos.**

Plantéate ante cada nuevo grupo de alumnos experimentar nuevas formas de enseñar para no caer en la monotonía ni el autoritarismo.

Cada vez que te toque ser jefe, no repitas inercialmente tu conducta anterior: te estás enfrentando a nuevos y diferentes seres humanos.

No te creas que ya sabes todo porque antes te funcionó, mejor opta por aprender tu también en esa nueva oportunidad.

**6.- Estimula al alumno y al subordinado.**

Por lo general los regaños son poco afortunados en sus resultados. Sí, se comprende que hay veces que es necesario llamar la atención a un alumno o a un subordinado; de ahí a castrarlo, a someterlo, hay una gran diferencia. Aun ante los errores se puede estimular, máxime que tú como maestro o jefe debes saber por qué le pediste tal o cual cosa a uno u otro, o qué esperabas de él.

Y cuando acierten no sólo felicites sino explica por qué acertaron; a veces ellos mismos pueden no darse cuenta; les será muy gratificante tu verdadero conocimiento de su acierto. Avanzarán con mayor seguridad.

**7.- Comparte los éxitos no los fracasos.**

Hay muchos profesores, sobre todo en los niveles superiores, que suelen utilizar a los alumnos como mano de obra barata para realizar libros o investigaciones que ellos publican con pompa y circunstancia. ¡Y ni siquiera mencionan a los alumnos que los ayudaron! ¡Qué lástima nos da esa gente egoísta, fatua, mezquina, soberbia! Ojalá y no seas de esos.

Como jefe sólo ten presente que por más bueno y talentoso que seas, las cosas que resultaron bien no fueron sólo obra tuya, así que comparte el éxito o la felicitación con tus subordinados.

Y paradójicamente, si hubo un fracaso fue tuyo, porque como jefe no estuviste a la altura del reto y no supiste conducir al equipo.

Así son las cosas.

## 8.- Ejerce la autocrítica.

Escucha a tus alumnos y subordinados, puedes y debes aprender mucho de ellos. Está siempre dispuesto y a vierto a una observación o a que te contradigan y no te ofendas ni sientas tu amor propio herido; si vale la pena lo que te dijeron –que no debes descalificarlo per se- reflexiona, analiza.

Todos los días saca tu balance como jefe o maestro, no te solaces y te vayas muy presuntuoso a tu casa. Si hubo algo que no salió bien –y siempre la voz interior se encargará de recordártelo- analiza las razones, cuestiónate y mejora para el día siguiente.

## 9.- Ejerce la Autoridad no el Poder.

Son cosas muy diferentes. Autoridad en este caso es conocimiento, conducta adecuada, ejemplo: eso es tener autoridad; saber más que tus alumnos o subordinados; saber hacer lo que les pides a ellos que hagan, eso es autoridad. Esa autoridad, si es legítima y honrada (contigo mismo) nadie te la podrá quitar nunca.

El poder es siempre muy relativo. A veces viene tan sólo por un nombramiento que a la larga es también breve.

Ni te apoyes ni te confíes en el Poder. Apóyate y confía en la legitimidad de tu Autoridad que, además, si la nutres irá creciendo con el tiempo. El Poder es siempre efímero, no así la Autoridad, que te podrá acompañar placenteramente hasta el final.

## 10.-Aprende a distinguir a unos y otros

Un grupo de alumnos o subordinados es precisamente un grupo, y por lo tanto no es homogéneo. Tienes la obligación de conocer a cada uno para evaluar realmente sus posibilidades y cuánto y cómo exigirles.

No te vayas a equivocar. El alumno de puros dieces no siempre es el mejor ni el más inteligente. Y tampoco el subordinado más eficiente es el más inteligente y productivo. La eficiencia es una cosa y la creatividad, el pensamiento lateral otras muy distintas y a la larga más provechosas e interesantes.

También, hasta donde te sea posible, hasta donde ellos te lo permitan, aprende a conocer sus personalidades, sus inquietudes, sus ambiciones. Tienes que ser un buen sicólogo, a veces padre, a veces amigo, y siempre, siempre maestro o jefe si es lo que eres.

# PARA EL LUTO

Formalmente todos aplicamos la palabra luto cuando se trata de expresar el dolor por la muerte de una persona. Sin embargo, podemos aplicarla a muchas circunstancias de pérdida en nuestra vida y ponerla en práctica.

Hay momentos, situaciones en la vida en que debiéramos guardar luto, es decir, darle un espacio real al dolor, no huir de él, no racionalizarlo sino sentirlo vivamente, dejar que fluya en nuestro interior. Si huimos del dolor, tarde o temprano volverá a nosotros acrecentado, a veces en formas que ni siquiera nos imaginamos. Un dolor esquivado o escondido, puede reaparecer en ira, en resentimiento, en inseguridad.

Hay muchas pérdidas importantes a lo largo de la vida, no sólo aquellas debidas a la muerte de un ser querido. Hay pérdidas de amores, de amistades, de trabajos, de lugares de residencia y toda pérdida importante produce dolor y por lo tanto requiere un luto para sanarnos. Sólo asumir el dolor por la pérdida, darle su justa dimensión, nos curará de ella.

Es necesario darle espacio para que se manifieste, y en ese espacio, en silencio, iremos comprendiendo mejor y asumiendo el sentido, significado y dimensión de la pérdida.

La mayoría de las personas le tenemos miedo al dolor; lo cierto es que mientras mejor lo enfrentamos más fuertes nos hacemos y él no hace presa de nosotros. Enfrentarlo no significa no vivirlo sino al contrario: estar dispuestos a asumirlo, a sentirlo.

El luto debiera causarnos, en la medida de lo posible, aislamiento, y de algún modo ese es su sentido primigenio respecto a la muerte.

Como suele ser tradición, ante una muerte son varios los días de luto, de dolor, los afectados visten ropas negras, no van a fiestas, en fin (me refiero a las formas tradicionales y más antiguas del luto) porque el dolor requiere recogimiento, es decir aislamiento. Cada persona vive el dolor de manera diferente.

**1.- Asume el luto como una experiencia de vida.**

Lo que nos sucede en la vida no es malo ni bueno, simplemente es, así tiene que ser porque la forma de vida que tenemos es común a todos los seres humanos más allá de razas o creencias religiosas. Todo radica en cómo enfrentemos lo que nos sucede.

El dolor siempre es temporal y el luto también. Acéptalos como una realidad inevitable. Forman parte de tu experiencia de vida, nada más y nada menos.

**2.- Estate atento al surgimiento del dolor.**

Por lo general el dolor más fuerte, el más profundo, no llega de inmediato, ni con una muerte ni con otro tipo de pérdida.

La primera sensación es de impacto, a veces de incredulidad. Tal vez creas que lo estás tomando con mucha serenidad y eso de alguna forma te enorgullezca; creo que te estarás equivocando. Porque un día, en una situación cualquiera, con un incidente minúsculo el verdadero dolor empezará a surgir y tienes que saber reconocerlo, comprender su origen y dejarte llevar por él.

**3.- Evita el sentimiento de culpa ante la persona fallecida.**

Toda muerte es irrecuperable. Hagamos lo que hagamos, el ser querido ya no va a estar con nosotros.

Tenemos la tendencia a decirnos "si hubiera hecho esto", "si no lo hibiera tratado de tal forma", "si hubiera estado más cerca". Como se dice comúnmente, el "hubiera" no existe, así que esos pensamientos sólo causan dolor innecesario.

Lo importante es recordar lo mejor. Durante el tiempo que dure el luto, el tiempo que nosotros le dediquemos por voluntad propia hasta que nos sintamos completamente en paz,  habremos de recordar muchas cosas, y entonces el dolor se irá lavando y al final nos quedaremos con las vivencias más bellas.


**4.- Permítete sentir que extrañas.**

No esquives ese sentimiento. Nada de distraerlo, de arrinconarlo porque te da tristeza. Vive la tristeza de extrañar a un ser querido fallecido o a ese amor con quien has roto. Es legítimo extrañar a quien se quiere. A un muerto lo sigues queriendo y lo seguirás queriendo el resto de tu vida. A un amor con el que has terminado irremediablemente (aunque en la vida nunca se sabe) lo sigues queriendo y ese cariño poco a poco, si lo permites con tu luto por él, se irá lavando; el dolor se irá alejando sólo si le permites fluir. Eso de que "un clavo saca otro clavo" es basura. Una ruptura amorosa importante no se cura estableciendo otra relación a las primeras de cambio, a menos que la anterior haya sido absolutamente inmadura o de plano una fantasía adolescente.

## 5.- Reconstrúyete para lo que vendrá.

La paz y la alegría volverán a tu alma de manera natural; no forces nada. El dolor forma parte de la reconstrucción interior, tienes que limpiarte de la aflicción, no esconderla debajo de la alfombra de la simulación o de la máscara.

Intenta aprender de la pérdida. Si se trata de un amor, ni culpes ni te culpes, simplemente revisa la relación, los aciertos y los errores mutuos. Escucha a tu corazón que tantas veces te quiso hablar y no le hiciste caso. Escúchalo sin ruido, sin opiniones externas, sin autoflagelación, sin victimismos.

Si se trata de una pérdida amorosa no intentes compensarla con otra persona a la brevedad posible. El dolor oculto aflorará en la nueva relación, no tengas duda, y te impedirá que progrese. Si no te curas de la pérdida, el ser amado que se fue flotará como fantasma en tu nueva relación.

Date tiempo, no le temas al dolor de la pérdida, no temas estar solo. Si te precipitas en una nueva relación no te darás tiempo para aprender de la anterior y de su rompimiento. De seguro tarde o temprano empezarás a cometer los mismos errores.


## 6.- Llora lo necesario.

Llorar es de hombres y de mujeres, es de seres humanos. Quienes no lloran se hacen daño, se endurecen, su capacidad emocional pierde fuerza; la capacidad de resistencia a las lágrimas va creando una coraza que a la larga impide que broten otros sentimientos. Quien no se permite el dolor tampoco se permite profundamente la alegría.

Llora si quieres, a solas, no por pudor o por vergüenza sino para que puedas sentir y comprender mejor el mensaje y el contenido de tu llanto; siente la fuerza de tus lágrimas, déjalas que fluyan pues también ellas te podrán decir muchas cosas para aliviar paulatinamente tu dolor. El llanto es nuestro propio consuelo y es mejor y más efectivo que cien palabras ajenas por muy amorosas que sean.

## 7.- Libérate del dolor.

No te conviertas en una víctima de tu dolor. Si eso sucede te amargarás y dejarás de gozar otras muchas cosas importantes y maravillosas en tu vida.

No eres una víctima porque tuviste tal o cual muerte, eso nos sucede a todos los seres humanos. Tampoco eres "una víctima del amor". Todos tenemos relaciones que fracasan y relaciones hermosas. No permitas a tu ego entronizarse también a partir del dolor, es muy hábil para hacer eso, para crearte mil justificaciones posteriores sobre tu conducta.

Como ya te he dicho: sólo podrás librarte del dolor si lo vives y lo aceptas, así se podrá ir solo, tranquilamente.

Y así como estuviste atento a la llegada del dolor tienes que estar atento a su retirada para dejarlo ir. No te vayas a aferrar a él, no lo vayas a extrañar, no empieces a necesitar los beneficios secundarios que obtuviste del dolor, tu ego es muy traicionero y puede hacerte querer caer en la trampa de seguir viviendo con tu dolor o con sus síntomas externos. El dolor puede ayudarnos a manipular a la gente, por ejemplo, ten cuidado porque el dolor puede encontrar una forma de vivir plácidamente en tu interior y quitarte energía, capacidad de discernimiento, confundir sentimientos ajenos.

## 8.- Prepárate para tu nuevo trabajo.

También existe. No creas que no. Es más fácil de vencer, por lo general basta con otro trabajo de características más o menos similares.

Si pierdes un trabajo, por las razones que sean, también guárdale luto si te gustaba si eres feliz en él. Piensa de verdad lo que no hacías antes cuando lo tenías: por qué te gustaba, qué te hacía feliz, qué te desagradaba, qué te incomodaba. Te puedes llevar varias sorpresas con tu análisis.

También en esta circunstancia lo ideal es vivir el luto en paz, es decir pasarse un tiempo sin trabajar, aunque no es fácil para la mayoría de las personas pues en general trabajar significa también comer y satisfacer importantes necesidades.

No le des tan rápido la vuelta a la página. Perder un trabajo también es una pérdida importante. Y, por favor, también con esa pérdida no te hagas la víctima. Es inútil que culpes a otros de tu situación, total, ya te quedaste sin trabajo. Mientras más culpes a otros más durará tu dolor y tu enojo. Mejor analiza bien lo sucedido. Yo no digo que, tal vez, hayas vivido una infamia, una trampa, una mala pasada, chismes, lo que sea, pero insistir en eso no te hará recuperar el trabajo perdido y difícilmente te ayudará a conseguir otro.

Vive el luto por tu trabajo, dale espacio a la nostalgia, analiza bien lo sucedido y prepárate para que no te suceda otra vez.

## 9.- Enfrenta tu nueva realidad en el exilio.

Irse a vivir a otro país por necesidad más que por deseo es un cambio muy dramático en nuestras vidas. Sí, es una aventura, y puede    implicar un dolor muy grande. Dejamos atrás muchas personas, cosas, ambientes que queremos, que han estado con nosotros toda la vida. Puede que ser que la pérdida no sea para siempre, sin embargo mientras dure será una especie de aguijón en nuestra alma.

El problema es fuerte. Por una parte es necesario adecuarnos lo antes posible a nuestra nueva realidad, al nuevo ambiente social, cultural, tenemos que relacionarnos con personas diferentes.

Por la otra, extrañamos lo que dejamos atrás, la nostalgia nos pesa.

Debemos guardar luto por nuestra pérdida, no dejarnos arrastrar por la nostalgia. Si ante cada nueva situación comparamos negativa o lastimosamente con lo que dejamos atrás, nunca vamos a ubicarnos ni a encontrar espacios de felicidad.

Sí, debemos guardar luto por nuestra pérdida, valorar lo que dejamos atrás, es absolutamente legítimo y comprensible extrañarla, añorar nuestra tierra; simultáneamente es necesario empezar a encontrar un nuevo camino, abrir nuestra mente y nuestro corazón y agradecer la oportunidad que se nos ha dado para intentar iniciar una nueva vida. El luto debe volverse fuerza, empuje. No se trata de olvidar sino de comprender que nuestra posibilidad de felicidad, de desarrollo, de crecimiento puede darse en cualquier parte porque sobre todo está adentro de nosotros mientras estemos vivos.

Una nostalgia constante puede volverse un luto permanente que en muchos aspectos nos paralizará; se torna una mirada constante hacia el pasado y ese pasado es irrecuperable en todo sentido;

intentar recuperarlo mediante el recuerdo sólo nos dañará. Tenemos que seguir adelante con nosotros mismos.

El exilio causa una enorme soledad y la nostalgia la alimenta. No es malo sentir soledad, pero tenemos que cuidarnos de que no se nos vuelva autodestructiva.

Hay que enfrentar la nueva realidad paulatinamente, sin presionarse, avanzando.


**10.- Sólo hay un luto casi invencible.**

Es el causado por la muerte trágica de un hijo. La tristeza será permanente. Seguiremos viviendo y con nuestra vida honraremos su memoria; tendremos cada día para seguir amándolo, y aun así cada día podrá ser muy difícil. Sólo acuérdate: sigues vivo.

A propósito de la muerte de su hijo Gio, a los 22 años, mientras su padre el director de cine Francis Coppola filmaba la película "Jardines de Piedra", la documentalista Eleanor Coppola ha declarado: "No puedes usar el dolor como escudo. Hay que celebrar su memoria, su presencia entre nosotros".

www.ingramcontent.com/pod-product-compliance
Lightning Source LLC
Chambersburg PA
CBHW051834090426
42736CB00011B/1802